LE CHEVALIER
DE MAISON-ROUGE.

Romans en vente :

UNE FILLE DU RÉGENT,
PAR ALEXANDRE DUMAS.
4 vol. in-8.

La Princesse des Ursins, par A. de Lavergne.
2 vol. in-8.

FAUVELLA, par Hippolyte Bonnellier.
2 vol. in-8.

LES VRAIS
MYSTÈRES DE PARIS,
PAR VIDOCQ.
7 vol. in-8.

L'Étouffeur d'Édimbourg, par Jules Lacroix.
2 vol. in-8.

LES DERNIERS KERVEN,
Par A. de GONDRECOURT.
2 vol. in-8.

Manoir et Chalet, par Hippolyte Bonnellier.
2 vol. in-8.

Le Bord de l'eau, par Alphonse Brot.
2 vol. in 8.

UNE SOMBRE HISTOIRE, par MORTONVAL,
2 vol. in-8.

Mémoires d'une Somnambule, par JULES LACROIX,
5 vol. in-8.

SCEAUX. — IMPR. DE E. DÉPÉE.

LE CHEVALIER
DE
MAISON-ROUGE

PAR

ALEXANDRE DUMAS.

2

PARIS
ALEXANDRE CADOT, ÉDITEUR,
32, RUE DE LA HARPE.
—
1845
1846

Le billet.

Les deux autres municipaux de garde montèrent précipitamment. Un détachement du poste les accompagnait.

Les portes furent fermées, deux factionnaires interceptèrent les issus de chaque chambre.

— Que voulez-vous, monsieur? dit la reine à Maurice, lorsque celui-ci entra ; j'allais me mettre au lit lorsqu'il y a cinq minutes le citoyen municipal (et la reine montrait Agricola) s'est précipité tout à coup dans cette chambre sans me dire ce qu'il désirait,

— Madame, dit Maurice en saluant, ce n'est point mon collègue qui désire quelque chose de vous, c'est moi.

— Vous, monsieur, demanda Marie-Antoinette en regardant Maurice dont les bons procédés lui avaient inspiré une certaine reconnaissance, et que désirez-vous?

— Je désire que vous vouliez bien me remettre le billet que vous cachiez tout-à-l'heure quand je suis entré

Madame Royale et madame Elisabeht tressaillirent. La reine devint très pâle.

— Vous vous trompez, monsieur, dit-elle, je ne cachais rien.

— Tu mens, l'Autrichienne, s'écria Agricola.

Maurice posa vivement la main sur le bras de son collègue.

— Un moment, mon cher collègue, lui dit-il, laisse-moi parler à la citoyenne. Je suis un peu procureur.

— Va, alors ; mais ne la ménage pas, morbleu !

— Vous cachiez un billet, citoyenne, dit sévèrement Maurice. Il faudrait nous remettre ce billet.

— Mais quel billet?

— Celui que la fille Tison vous a apporté, et que la citoyenne votre fille (Maurice indiqua la jeune princesse) a ramassé avec son mouchoir.

Les trois femmes se regardèrent épouvantées.

— Mais, monsieur, c'est plus que de la tyrannie, dit la reine; des femmes! des femmes!

— Ne confondons pas, dit Maurice avec fermeté. Nous ne sommes ni des juges, ni des bourreaux, nous sommes des surveillans, c'est-à-dire vos concitoyens chargés de vous garder. Nous avons une consigne, la violer c'est trahir. Citoyenne, je vous en prie, rendez-moi le billet que vous avez caché.

— Messieurs, dit la reine avec hauteur, puisque vous êtes des surveillans, cherchez et privez-nous de sommeil cette nuit comme toujours.

— Dieu nous garde de porter la main sur des femmes. Je vais faire prévenir la Commune et nous attendrons ses ordres, seulement vous ne vous mettrez pas au lit, vous dormirez sur des fauteuils, s'il vous plaît, et nous vous garderons... S'il le faut, les perquisitions commenceront.

— Qu'y a-t-il donc ? demanda la femme Tison en montrant à la porte sa tête effarée.

— Il y a, citoyenne, que tu

viens, en prêtant la main à une trahison, de te priver à jamais de voir ta fille.

— De voir ma fille!... Que dis-tu donc là, citoyen? demanda la femme Tison, qui ne comprenait pas bien encore pourquoi elle ne verrait plus sa fille.

— Je te dis que ta fille n'est pas venue ici pour te voir, mais pour apporter une lettre à la citoyenne Capet, et qu'elle n'y reviendra plus.

— Mais si elle ne revient plus, je ne pourrai donc pas la revoir, puisqu'il nous est défendu de sortir?..

— Cette fois, il ne faudra t'en prendre à personne, car c'est ta faute, dit Maurice.

— Oh! hurla la pauvre mère, ma faute! que dis-tu donc là, ma faute? Il n'est rien arrivé, j'en réponds. Oh! si je croyais qu'il fut arrivé quelque chose, malheur à toi, Antoinette, tu me le paierais cher!

Et cette femme exaspérée montra le poing à la reine.

— Ne menace personne, dit Maurice; obtiens plutôt par la douceur que ce que nous demandons soit fait; car tu es femme, et la citoyenne Antoinette, qui est mère elle-même aura sans doute pitié d'une mère. Demain, ta fille sera arrêtée ; demain, emprisonnée..... puis, si l'on découvre quelque chose, et tu sais que, lorsqu'on le veut bien, on découvre toujours ; elle est perdue elle et sa compagne.

La femme Tison, qui avait écouté Maurice avec une terreur croissante, détourna sur la reine son regard presque égaré.

— Tu entends, Antoinette !... Ma fille !... c'est toi qui auras perdu ma fille !

La reine parut épouvantée à son tour, non de la menace qui étincelait dans les yeux de sa geôlière, mais du désespoir qu'on y lisait.

— Venez, madame Tison, dit-elle, j'ai à vous parler.

— Holà! pas de cajolerie! s'écria le collègue de Maurice; nous ne sommes pas de trop, morbleu! Devant la municipalité, toujours devant la municipalité!

— Laisse faire, citoyen Agricola, dit Maurice à l'oreille de cet homme; pourvu que la liberté nous vienne, peu importe de quelle façon!...

— Tu as raison, citoyen Maurice... mais...

— Passons derrière le vitrage, citoyen Agricola, et, si tu m'en crois, tournons le dos; je suis sûr que la personne pour laquelle nous aurons cette condescendance ne nous en fera point repentir.

La reine entendit ces mots dits pour être entendus par elle , elle jeta au jeune homme un regard reconnaissant. Maurice détourna la tête avec insouciance et passa de l'autre côté du vitrage. Agricola le suivit.

— Tu vois bien cette femme, dit-il à Agricola ; reine, c'est une grande coupable; femme, c'est une ame digne et grande. On fait bien de briser les couronnes, le malheur épure.

— Sacrebleu, que tu parles bien, citoyen Maurice! répondit Agricola. J'aime t'entendre, toi et ton ami Lorin. Est-ce aussi des vers que tu viens de dire?

Maurice sourit.

Pendant cet entretien, la scène qu'avait prévue Maurice se passait de l'autre côté du vitrage.

La femme Tison s'était approchée de la reine.

— Madame, lui dit celle-ci, votre désespoir me brise le cœur; je ne veux pas vous priver de votre enfant, cela fait trop de mal ; mais, songez-y, en faisant ce que ces hommes exigent, peut-être votre fille sera-t-elle perdue également.

— Faites ce qu'ils disent ! s'écria la femme Tison, faites ce qu'il disent !

— Mais auparavant du moins sachez de quoi il s'agit.

— De quoi s'agit-il ? demanda la geôlière avec une curiosité presque sauvage.

— Votre fille avait amené avec elle une amie.

— Oui, une ouvrière comme elle ;

elle n'a pas voulu venir seule à cause des soldats.

— Cette amie avait remis à votre fille un billet ; votre fille l'a laissé tomber, Marie qui passait l'a ramassé. C'est un papier bien insignifiant sans doute, mais auquel des gens mal intentionnés pourraient trouver un sens. Le municipal ne vous a-t-il pas dit que lorsqu'on voulait trouver on trouvait toujours.

— Après? après?

— Eh bien ! voilà tout : vous voulez que je remette ce papier ; voulez-vous que je sacrifie un ami, sans pour cela vous rendre peut-être votre fille.

— Faites ce qu'ils disent ! cria la femme, faites ce qu'ils disent !

— Mais si ce papier compromet votre fille, dit la reine, comprenez donc !

— Ma fille est comme moi, une bonne patriote, s'écria la ménagère. Dieu merci ! les Tison sont connus : faites ce qu'ils disent.

— Mon Dieu ! dit la reine, que je voudrais donc pouvoir vous convaincre !

— Ma fille ! je veux qu'on me rende ma fille ! reprit la femme Tison en trépignant. Donne le papier, Antoinette, donne.

— Le voici, madame.

Et la reine tendit à la malheureuse créature un papier qu'elle éleva joyeusement au-dessus de sa tête, en criant :

— Venez, venez, citoyens municipaux. J'ai le papier; prenez-le, et rendez-moi mon enfant.

— Vous sacrifiez nos amis, ma sœur, dit madame Elisabeth.

— Non, ma sœur, répondit tristement la reine, je ne sacrifie que nous. Le papier ne peut compromettre personne.

Aux cris de la femme Tison,

Maurice et son collègue vinrent au devant d'elle; elle leur tendit aussitôt le billet. Ils l'ouvrirent et lurent :

« 'A l'Orient ! un ami veille encore. »

Maurice n'eut pas plus tôt jeté les yeux sur ce papier qu'il tressaillit.

L'écriture ne lui semblait pas inconnue.

— Oh ! mon Dieu, s'écria-t-il, serait-ce celle de Geneviève. Oh! mais non, c'est impossible, et je suis fou. Elle lui ressemble sans doute, mais que pourrait avoir de commun Geneviève avec la reine ?

Il se retourna et vit que Marie-Antoinette le regardait. Quant à la femme Tison, dans l'attente de son sort elle dévorait Maurice des yeux.

— Tu viens de faire une bonne œuvre, dit-il à la femme Tison ; et vous, citoyenne, une belle œuvre, dit-il à la reine.

— Alors, monsieur, répondit Marie-Antoinette, que mon exemple vous détermine, brûlez ce papier, et vous ferez une œuvre charitable.

— Tu plaisantes, l'Autrichienne, dit Agricola, brûler un papier qui va nous faire pincer toute une couvée d'aristocrates peut-être ; ma foi, non, ce serait trop bête.

— Au fait, brûlez-le, dit la Tison ; cela pourrait compromettre ma fille.

— Je le crois bien, ta fille et les autres, dit Agricola en prenant des mains de Maurice le papier que celui-ci eût certes brûlé s'il eût été tout seul.

Dix minutes après, le billet fut déposé sur le bureau des membres de la Commune, il fut ouvert à l'instant même et commenté de toutes façons.

— A l'Orient ! un ami veille, dit une voix, que diable cela peut-il signifier !

— Pardieu ! répondit un géographe, à Lorient, c'est clair, Lorient est une petite ville de la Bretagne située entre Vannes et Quimper. Morbleu ! on devrait brûler la ville, s'il est vrai qu'elle renferme des aristocrates qui veillent encore sur l'Autrichienne.

— C'est d'autant plus dangereux, dit un autre, que Lorient étant un port de mer on peut y établir des intelligences avec les Anglais.

— Je propose, dit un troisième, qu'on envoie une commission à Lorient, et qu'une enquête y soit faite.

La motion fit sourire la minorité, mais enflamma la majorité ; on décréta qu'une commission serait envoyée à Lorient pour y surveiller les aristocrates.

Maurice avait été informé de la délibération.

— Je me doute bien où peut être l'Orient dont il s'agit, se dit-il, mais à coup sûr, ce n'est pas en Bretagne.

Le lendemain, la reine qui, ainsi que nous l'avons dit, ne descendait plus au jardin, pour ne point passer devant la chambre où avait été enfermé son mari, demanda à monter sur la tour, pour prendre un peu d'air avec sa fille et madame Elisabeth.

La demande lui fut accordée à l'instant même ; mais derrière elle, Maurice monta, et, s'arrêtant derrière une espèce de petite guérite, qui abritait le haut de l'escalier, il attendit, caché, le résultat du billet de la veille.

La reine se promena d'abord indifféremment avec madame Elisabeth et sa fille; puis elle s'arrêta, tandis que les deux princesses continuaient de se promener, se retourna vers l'est et regarda attentivement une maison, aux fenêtres de laquelle apparaissaient plusieurs personnes : l'une de ces personnes tenait un mouchoir blanc.

Maurice, de son côté, tira une lunette de sa poche, et, tandis qu'il l'ajustait, la reine fit un grand mouvement, comme pour inviter les curieux de la fenêtre à s'éloigner. Mais Maurice avait déjà remarqué une tête d'homme aux cheveux blonds, au teint pâle, dont le salut avait été respectueux jusqu'à l'humilité.

Derrière ce jeune homme, car le curieux paraissait avoir au plus de vingt-cinq à vingt-six ans, se tenait une femme à moitié cachée par lui. Maurice dirigea sa lorgnette sur elle, et, croyant reconnaître Geneviève, fit un mouvement qui le mit en vue. Aussitôt la femme qui, de son côté, tenait aussi une lorgnette à la main, se rejeta en arrière, entraînant le jeune homme avec elle. Etait-ce réellement Geneviève? Avait-elle de son côté reconnu Maurice? Le couple curieux s'était-il retiré seulement sur l'invitation que lui en avait faite la reine?

Maurice attendit un instant pour voir si le jeune homme et la jeune femme ne reparaîtraient point. Mais voyant que la fenêtre restait vide, il recommanda la plus grande surveillance à son collègue Agricola, descendit précipitamment l'escalier et alla s'embusquer à l'angle de la rue Portefoin pour voir si les curieux de la maison en sortiraient. Ce fut en vain, personne ne parut.

Alors, ne pouvant résister à ce soupçon qui lui mordait le cœur depuis le moment où la compagne de la femme Tison s'était obstinée à demeurer cachée et à rester muette, Maurice prit sa course vers la vieille rue Saint-Jacques, où il arriva l'esprit tout bouleversé des plus étranges soupçons.

Lorsqu'il entra, Geneviève, en peignoir blanc, était assise sous une tonnelle de jasmins où elle avait l'habitude de se faire servir à déjeûner. Elle donna, comme d'habitude, un bonjour affectueux à Maurice, et l'invita à prendre une tasse de chocolat avec elle.

De son côté, Dixmer, qui arriva sur ces entrefaites, exprima la plus grande joie de voir Maurice à cette heure inattendue de la journée. Mais avant que Maurice prît la tasse de chocolat qu'il avait acceptée, toujours plein d'enthousiasme pour son commerce, il exigea que son ami le secrétaire de la section Lepelletier vînt faire avec lui un tour dans les ateliers. Maurice y consentit.

— Apprenez, mon cher Maurice, dit Dixmer en prenant le bras du jeune homme et en l'entraînant, une nouvelle des plus importantes.

— Politique? demanda Maurice, toujours préoccupé de son idée.

— Eh! cher citoyen, répondit Dixmer en souriant, est-ce que nous nous occupons de politique, nous. Non, non, une nouvelle toute industrielle, Dieu merci! Mon honorable ami Morand, qui, comme vous le savez, est un chimiste des plus distingués, vient de trouver le secret d'un maroquin rouge comme on n'en a pas encore vu jusqu'à présent, c'est-à-dire inaltérable. C'est cette teinture que je veux vous montrer. D'ailleurs vous verrez Morand à l'œuvre; celui-là, c'est un véritable artiste.

Maurice ne comprenait pas trop comment on pouvait être artiste en maroquin rouge. Mais il n'en accepta pas moins, suivit Dixmer, traversa les ateliers, et, dans une espèce d'officine particulière, vit le citoyen Morand à l'œuvre : il avait ses lunettes bleues et son habit de travail, et paraissait effectivement on ne peut pas plus occupé de changer en pourpre le blanc sale d'une peau de mouton. Ses mains et ses bras, qu'on apercevait sous ses manches retroussées, étaient rouges jusqu'au coude. Comme le disait Dixmer, il s'en donnait à cœur joie dans la cochenille.

Il salua Maurice de la tête, tout entier qu'il était à sa besogne.

— Eh! bien, citoyen Morand, demanda Dixmer, que disons-nou ?

— Nous gagnerons cent mille livres par an rien qu'avec ce procédé, dit Morand. Mais voilà huit jours que je ne dors pas, et les acides m'ont brûlé la vue.

Maurice laissa Dixmer avec Morand et rejoignit Geneviève en murmurant tout bas.

— Il faut avouer que le métier de municipal abrutirait un héros. Au bout de huit jours de Temple, on se prendrait pour un aristocrate et l'on se dénoncerait soi-même. Bon Dixmer, va! brave Morand! suave Geneviève! et moi qui les avais soupçonnés un instant.

Geneviève attendait Maurice avec

son doux sourire pour lui faire oublier jusqu'à l'apparence de ces soupçons que Maurice avait effectivement conçus. Elle fut ce qu'elle était toujours : douce, amicale, charmante.

Ces heures où Maurice voyait Geneviève étaient les heures où il vivait réellement. Tout le reste du tems, il avait cette fièvre qu'on pourrait appeler la fièvre 93, qui séparait Paris en deux camps et faisait de l'existence un combat de chaque heure.

Vers midi, il lui fallut cependant quitter Geneviève et retourner au Temple.

A l'extrémité de la rue Sainte-

Avoye, il rencontra Lorin qui descendait sa garde; il était en serrefile; il se détacha de son rang et vint à Maurice dont tout le visage exprimait encore la suave félicité que la vue de Geneviève versait toujours dans son cœur.

— Ah! dit Lorin en secouant cordialement la main de son ami.

> En vain tu caches ta langeur,
> Je connais ce que tu désires:
> Tu ne dis rien, mais tu soupires;
> L'amour est dans tes yeux, l'amour est dans ton cœur.

Maurice mit la main à sa poche pour chercher sa clé. C'était le moyen qu'il avait adopté pour mettre une digue à la verve poétique de son ami.

Mais celui-ci vit le mouvement et s'enfuit en riant.

— A propos, dit Lorin en se retournant après quelques pas, tu es encore pour trois jours au Temple, Maurice ; je te recommande le petit Capet.

II

Amour.

En effet, Maurice vivait bien heureux et bien malheureux à la fois au bout de quelque temps. Il en est toujours ainsi au commencement des grandes passions.

Son travail du jour à la section Lepelletier, ses visites du soir à la vieille rue Saint-Jacques, quelques apparitions çà et là au club des Thermopyles remplissaient toutes ses journées.

Il ne se dissimulait pas que voir Geneviève tous les soirs, c'était boire à longs traits un amour sans espérance.

Geneviève était une de ces femmes timides et faciles en apparence qui tendent franchement la main à un ami, approchent innocemment leur front de ses lèvres avec la confiance d'une sœur ou l'ignorance d'une vierge, et devant qui les mots d'amour semblent des blasphèmes et les désirs matériels des sacriléges.

Si, dans les rêves les plus purs que la première manière de Raphaël a fixés sur la toile, il est une madone aux lèvres souriantes, aux yeux chastes, à l'expression céleste, c'est celle-là qu'il faut emprunter au divin élève de Perugin pour en faire le portrait de Geneviève.

Au milieu de ces fleurs, dont elle avait la fraîcheur et le parfum, isolée des travaux de son mari, et de son mari lui-même, Geneviève apparaissait chaque fois qu'il la voyait, à Maurice, comme une énigme vivante dont il ne pouvait deviner le sens, et dont il n'osait demander le mot.

Un soir que, comme d'habitude, il était demeuré seul avec elle, que tous deux étaient assis à cette croisée par laquelle il était entré une nuit si bruyamment et si précipitamment, que les parfums des lilas en fleurs flottaient sur cette douce brise qui succède au radieux coucher du soleil, Maurice, après un long silence, et après avoir pendant ce silence suivi l'œil intelligent et religieux de Geneviève qui regardait poindre une étoile d'argent dans l'azur du ciel, se hasarda à lui demander comment il se faisait qu'elle fût si jeune quand son mari

avait déjà passé l'âge moyen de la vie;
si distinguée, quand tout annonçait
chez son mari une éducation, une nais-
sance vulgaires; si poétique enfin, quand
son mari était si attentif à peser, à
étendre et à teindre les peaux de sa
fabrique.

— Chez un maître tanneur, enfin,
pourquoi, demanda Maurice, cette
harpe, ce piano, ces pastels que vous
m'avez avoué être votre ouvrage?
Pourquoi, enfin, cette aristocratie que
je déteste chez les autres et que j'adore
chez vous?

Geneviève fixa sur Maurice un regard plein de candeur.

— Merci, dit-elle, de cette question; elle me prouve que vous êtes un homme délicat, et que vous ne vous êtes jamais informé de moi à personne.

— Jamais, madame, dit Maurice : j'ai un ami dévoué qui mourrait pour moi, j'ai cent camarades qui sont prêts à marcher partout où je les conduirai; mais de tous ces cœurs, lorsqu'il s'agit d'une femme, et d'une femme comme Geneviève surtout, je ne connais qu'un seul auquel je me fie et c'est le mien.

— Merci, Maurice, dit la jeune femme. Je vous apprendrai donc moi-même alors tout ce que vous désirez savoir.

— Votre nom de jeune fille d'abord, demanda Maurice ? je ne vous connais que sous votre nom de femme.

Geneviève comprit l'égoïsme amoureux de cette question et sourit.

— Geneviève du Treilly, dit-elle.

Maurice répéta :

— Geneviève du Treilly.

— Ma famille, continua Geneviève, était ruinée depuis la guerre d'Amérique à laquelle avaient pris part mon père et mon frère aîné.

— Gentilshommes tous deux, dit Maurice.

— Non, non, dit Geneviève en rougissant.

— Vous m'avez dit cependant que votre nom de jeune fille était Geneviève du Treilly.

—Sans particule, monsieur Maurice; ma famille était riche, mais ne tenait en rien à la noblesse.

— Vous vous défiez de moi, dit en souriant le jeune homme.

— Oh! non, non, reprit Geneviève. En Amérique, mon père s'était lié avec le père de M. Morand; M. Dixmer était l'homme d'affaires de M. Morand. Nous voyant ruinés et sachant que M. Dixmer avait une fortune indépendante, M. Morand le présenta à mon père, qui me le présenta, à son tour. Je vis qu'il y avait d'avance un mariage arrêté, je compris que c'était le désir de ma famille, je n'aimais ni n'avais jamais aimé personne; j'acceptai. Depuis trois ans, je suis la femme de Dixmer, et, je dois le dire, depuis trois ans, mon mari a été, pour moi, si bon, si excellent que, malgré cette différence de goûts et d'âge, que vous remarquez, je n'ai jamais éprouvé un seul instant de regret.

— Mais, dit Maurice, lorsque vous

épousâtes M. Dixmer, il n'était point encore à la tête de cette fabrique ?

— Non ; nous habitions à Blois. Après le 10 août, M. Dixmer acheta cette maison et les ateliers qui en dépendent ; pour que je ne fusse point mêlée aux ouvriers, pour m'épargner jusqu'à la vue de choses qui eussent pu blesser mes habitudes, comme vous le disiez, Maurice, un peu aristocratiques, il me donna ce pavillon, où je vis seule, retirée, selon mes goûts, selon mes désirs, et heureuse, quand un ami comme vous, Maurice, vient distraire ou partager mes rêveries.

Et Geneviève tendit à Maurice une

main que celui-ci baisa avec ardeur.

Geneviève rougit légèrement.

— Maintenant, mon ami, dit-elle en retirant sa main, vous savez comment je suis la femme de M. Dixmer.

— Oui, reprit Maurice, en regardant fixement Geneviève; mais vous ne me dites point comment M. Morand est devenu l'associé de M. Dixmer?

— Oh! c'est bien simple, dit Geneviève. M. Dixmer, comme je vous l'ai dit, avait quelque fortune, mais point assez, cependant, pour prendre à lui seul une fabrique de l'importance de celle-ci. Le fils de M. Morand, son protecteur, comme je vous l'ai dit, cet ami de mon père, comme vous vous le rappelez, a fait la moitié des fonds ; et, comme il avait des connaissances en chimie, il s'est adonné à l'exploitation avec cette activité que vous avez remarquée, et grâce à laquelle le commerce de M. Dixmer, chargé, par lui, de toute la partie matérielle, a pris une immense extension.

— Et, dit Maurice, M. Morand est aussi un de vos bons amis, n'est-ce pas, madame ?

— M. Morand est une noble nature, un des cœurs les plus élevés qui soient sous le ciel, répondit gravement Geneviève.

— S'il ne vous en a donné d'autres preuves, dit Maurice, un peu piqué de cette importance que la jeune femme accordait à l'associé de son mari, que de partager les frais d'établissement avec M. Dixmer, et d'inventer une nouvelle teinture pour le maroquin, permettez-moi de vous faire observer que l'éloge que vous faites de lui est bien pompeux.

— Il m'en a donné d'autres preuves, monsieur, dit Geneviève.

— Mais il est encore jeune, n'est-ce pas, demanda Maurice, quoiqu'il soit difficile, grâce à ses lunettes vertes, de dire quel âge il a?

— Il a trente-cinq ans.

— Vous vous connaissez depuis longtemps ?

— Depuis notre enfance.

Maurice se mordit les lèvres. Il avait toujours soupçonné Morand d'aimer Geneviève.

— Ah! dit Maurice, cela explique sa familiarité avec vous.

— Contenue dans les bornes où vous l'avez toujours vue, monsieur, répondit en souriant Geneviève, il me semble que cette familiarité, qui est à peine celle d'un ami, n'avait pas besoin d'explication.

— Oh! pardon, madame, dit Maurice, vous savez que toutes les affections vives ont leurs jalousies, et mon amitié était jalouse de celle que vous paraissez avoir pour M. Morand.

Il se tut. Geneviève, de son côté, garda le silence. Il ne fut plus question, ce jour-là, de Morand, et Maurice quitta, cette fois, Geneviève, plus amoureux que jamais, car il était jaloux.

Puis, si aveugle que fût le jeune homme, quelque bandeau sur les yeux, quelque trouble dans le cœur que lui mît sa passion, il y avait, dans le récit de Geneviève, bien des lacunes, bien des hésitations, bien des réticences auxquelles il n'avait point fait attention dans le moment, mais qui, alors, lui revenaient à l'esprit et qui le tourmentaient étrangement, et contre lesquelles ne pouvait le rassurer la grande liberté que lui laissait Dixmer de causer avec Geneviève autant de fois et aussi longtemps qu'il lui plaisait, et l'espèce de solitude où tous deux se trouvaient chaque soir. Il y avait plus : Maurice, devenu le commensal de la maison, non-seulement restait en toute sécurité avec Geneviève, qui semblait, d'ailleurs, gardée contre les désirs du jeune homme, par sa pureté d'ange, mais encore il l'escortait dans les petites courses qu'elle était obligée, de temps en temps, de faire dans le quartier.

Au milieu de cette familiarité acquise dans la maison, une chose l'étonnait, c'était que plus il cherchait, peut-être, il est vrai, pour être à même de mieux surveiller les sentimens qu'il lui croyait pour Geneviève, c'est que plus il cherchait, disons-nous, à lier connaissance avec Morand, dont l'esprit, malgré ses préventions, le séduisait, dont les manières élevées le captivaient de plus en plus, plus cet homme bizarre semblait affecter de s'éloigner de Maurice. Celui-ci s'en plaignait amèrement à Geneviève, car il ne doutait pas que Morand n'eût deviné en lui un rival et que ce ne fût, de son côté, la jalousie qui l'éloignât de lui.

— Le citoyen Morand me hait, dit-il un jour à Geneviève.

— Vous, dit Geneviève en le regardant avec son bel œil étonné; vous, M. Morand vous hait?

— Oui, j'en suis sûr.

— Et pourquoi vous haïrait-il?

— Voulez-vous que je vous le dise? s'écria Maurice.

— Sans doute, reprit Geneviève.

— Eh bien! parce que je...

Maurice s'arrêta. Il allait dire, parce que je vous aime.

— Je ne puis vous dire pourquoi,

reprit Maurice en rougissant. Le farouche républicain, près de Geneviève, était timide et hésitant comme une jeune fille.

Geneviève sourit.

— Dites, reprit-elle, qu'il n'y a pas de sympathie entre vous et je vous croirai peut-être. Vous êtes une nature ardente, un esprit brillant, un homme recherché. Morand est un marchand greffé sur un chimiste. Il est timide, il est modeste... et c'est cette timidité et cette modestie qui l'empêchent de faire le premier pas au devant de vous.

— Eh! qui lui demande de faire le

premier pas au devant de moi! J'en ai fait cinquante, moi, au devant de lui. Il ne m'a jamais répondu. Non, continua Maurice en secouant la tête; non, ce n'est certes point cela.

— Eh bien! qu'est-ce alors?

Maurice préféra se taire.

Le lendemain du jour où il avait eu cette explication avec Geneviève, il arriva chez elle à deux heures de l'après-midi; il la trouva en toilette de sortie.

— Ah! soyez le bienvenu, dit Geneviève, vous allez me servir de chevalier.

— Et où allez-vous donc, demanda Maurice?

— Je vais à Auteuil. Il fait un temps délicieux, je désirerais marcher un peu à pied; notre voiture nous conduira jusqu'au delà de la barrière où nous la retrouverons, puis nous gagnerons Auteuil en nous promenant, et, quand j'aurai fini ce que j'ai à faire à Auteuil, nous reviendrons la prendre...

— Oh! dit Maurice enchanté, l'excellente journée que vous m'offrez là!

Les deux jeunes gens partirent. Au delà de Passy, la voiture les descendit sur la route. Ils sautèrent légèrement sur le revers du chemin et continuèrent leur promenade à pied.

En arrivant à Auteuil, Geneviève s'arrêta.

— Attendez-moi au bord du parc, dit-elle, j'irai vous rejoindre quand j'aurai fini.

— Chez qui allez-vous donc? demanda Maurice.

— Chez une amie.

— Où je ne puis vous accompagner?

Geneviève secoua la tête en souriant.

— Impossible, dit-elle.

Maurice se mordit les lèvres.

— C'est bien, dit-il, j'attendrai.

— Eh quoi? demanda Geneviève.

— Rien, répondit Maurice. Serez-vous long-temps?

— Si j'avais cru vous déranger, Maurice, si j'avais su que votre journée était prise, dit Geneviève, je ne vous eusse point prié de me rendre le petit service de venir avec moi ; je me fusse fait accompagner par...

— Par M. Morand, interrompit vivement Maurice.

— Non point. Vous savez que M. Morand est à la fabrique de Rambouillet et ne doit revenir que ce soir.

— Alors voilà à quoi j'ai dû la préférence?

— Maurice, dit doucement Geneviève, je ne puis faire attendre la personne qui m'a donné rendez-vous : si cela vous gêne de me ramener, retournez à Paris, seulement renvoyez-moi la voiture.

— Non, non, madame, dit vivement Maurice, je suis à vos ordres.

Et il salua Geneviève, qui poussa un faible soupir et entra dans Auteuil.

Maurice alla au rendez-vous convenu et se promena de long en large, abattant de sa canne, comme Tarquin, toutes les têtes d'herbes, de fleurs ou de chardons, qui se trouvaient sur son chemin. Au reste, ce chemin était borné à un petit espace; comme tous les gens fortement préoccupés, Maurice allait et revenait presque aussitôt sur ses pas.

Ce qui occupait Maurice, c'était de savoir si Geneviève l'aimait ou ne l'aimait point : toutes ses manières avec le jeune homme étaient celles d'une sœur et d'une amie; mais il sentait que ce n'était plus assez. Lui l'aimait de tout son amour. Elle était devenue la pensée éternelle de ses jours, le rêve sans cesse renouvelé de ses nuits. Autrefois, il ne demandait qu'une chose, revoir Geneviève. Maintenant, ce n'était plus assez : il fallait que Geneviève l'aimât.

Geneviève resta absente pendant une heure, qui lui parut un siècle ; puis, il la vit venir à lui, le sourire sur les lèvres. Maurice, au contraire, marcha à elle, les sourcils froncés. Notre pauvre cœur est ainsi fait, qu'il s'efforce de puiser la douleur au sein du bonheur même.

Geneviève prit en souriant le bras de Maurice.

— Me voilà, dit-elle ; pardon, mon

ami, de vous avoir fait attendre...

Maurice répondit par un mouvement de tête, et tous deux prirent une charmante allée, molle, ombreuse, touffue, qui, par un détour, devait les ramener à la grande route.

C'était une de ces délicieuses soirées de printems où chaque plante envoie au ciel son émanation, où chaque oiseau, immobile sur la branche ou sautillant dans les broussailles, jette son hymne d'amour à Dieu ; une de ces soirées enfin qui semblent destinées à vivre dans le souvenir.

Maurice était muet ; Geneviève était pensive : elle effeuillait d'une main les fleurs d'un bouquet qu'elle tenait de son autre main appuyée au bras de Maurice.

— Qu'avez-vous? demanda tout à coup Maurice, et qui vous rend donc si triste aujourd'hui.

Geneviève aurait pu lui répondre : mon bonheur.

Elle le regarda de son doux et poétique regard.

— Mais vous-même, dit-elle, n'êtes-vous point plus triste que d'habitude?

— Moi, dit Maurice, j'ai raison d'être triste, je suis malheureux, mais vous..

— Vous, malheureux?

— Sans doute; ne vous apercevez-vous point quelquefois au tremblement de ma voix que je souffre? Ne m'arrive-t-il point, quand je cause avec vous ou avec votre mari, de me lever tout à coup et d'être forcé d'aller demander de l'air au ciel, parce qu'il me semble que ma poitrine va se briser.

— Mais, demanda Geneviève embarrassée, à quoi attribuez-vous cette souffrance?

— Si j'étais une petite maîtresse, dit Maurice en riant d'un rire douloureux, je dirais que j'ai mal aux nerfs.

— Et, dans ce moment, vous souffrez ?

— Beaucoup, dit Maurice.

— Alors, rentrons.

— Déjà, Madame.

— Sans doute.

— Ah ! c'est vrai, murmura le jeune homme, j'oubliais que M. Morand doit revenir de Rambouillet à la tombée de la nuit, et que voilà la nuit qui tombe.

Geneviève le regarda avec une expression de reproche.

— Oh ! encore, dit-elle.

— Pourquoi donc m'avez-vous fait, l'autre jour, de M. Morand, un si pompeux éloge? dit Maurice. C'est votre faute.

— Depuis quand, devant les gens qu'on estime, demanda Geneviève, ne peut-on pas dire ce qu'on pense d'un homme estimable?

— C'est une estime bien vive que celle qui fait hâter le pas, comme vous le faites, en ce moment, de peur d'être en retard de quelques minutes.

— Vous êtes, aujourd'hui, souverainement injuste, Maurice; n'ai-je point passé une partie de la journée avec vous?

— Vous avez raison, et je suis trop exigeant, en vérité, reprit Maurice, se laissant aller à la fougue de son caractère. Allons revoir M. Morand, allons.

Geneviève sentait le dépit passer de son esprit à son cœur.

— Oui, dit-elle, allons revoir M. Morand. Celui-là, du moins, est un ami qui ne m'a jamais fait de peine.

— Ce sont des amis précieux que ceux-là, dit Maurice, étouffant de jalousie, et je sais que, pour ma part, je désirerais en connaître de pareils.

Ils étaient, en ce moment, sur la grande route. L'horizon rougissait; le soleil commençait à disparaître, faisant étinceler ses derniers rayons aux moulures dorées du dôme des Invalides. Une étoile, la première, celle qui, pendant une autre soirée, avait déjà attiré les regards de Geneviève, étincelait dans l'azur fluide du ciel.

Geneviève quitta le bras de Maurice avec une tristesse résignée.

— Qu'avez-vous donc à me faire souffrir? dit-elle.

— Ah! dit Maurice; j'ai que je suis moins habile que des gens que je connais; j'ai que je ne sais point me faire aimer.

— Maurice, fit Geneviève.

— Oh! madame, s'il est constamment bon, constamment égal, c'est qu'il ne souffre pas, lui.

Geneviève appuya de nouveau sa blanche main sur le bras puissant de Maurice.

— Je vous en prie, dit-elle d'une voix altérée, ne parlez plus, ne parlez plus.

— Et pourquoi cela ?

— Parce que votre voix me fait mal.

— Ainsi, tout vous déplaît en moi, même ma voix ?

— Taisez-vous, je vous en conjure.

— J'obéirai, madame.

Et le fougueux jeune homme passa sa main sur son front humide de sueur.

Geneviève vit qu'il souffrait réellement. Les natures dans le genre de celle de Maurice ont des douleurs inconnues.

— Vous êtes mon ami, Maurice, dit Geneviève en le regardant avec une expression céleste; un ami précieux pour moi : faites, Maurice, que je ne perde pas mon ami.

— Oh! vous ne le regretteriez pas longtemps, s'écria Maurice.

— Vous vous trompez, dit Geneviève, je vous regretterais longtemps, toujours !...

— Geneviève ! Geneviève ! s'écria Maurice, ayez pitié de moi.

Geneviève frissonna.

C'était la première fois que Maurice disait son nom avec une expression si profonde.

— Eh bien, continua Maurice, puisque vous m'avez deviné, laissez-moi tout vous dire, Geneviève ; car, dussiez-vous me tuer d'un regard... il y a trop longtemps que je me tais ; je parlerai, Geneviève.

— Monsieur, dit la jeune femme, je vous ai supplié, au nom de notre amitié, de vous taire; monsieur, je vous en supplie encore, que ce soit pour moi, si ce n'est point pour vous. Pas un mot de plus, au nom du ciel, pas un mot de plus.

— L'amitié, l'amitié. Ah! si c'est une amitié pareille à celle que vous me portez, que vous avez pour M. Morand, je ne veux plus de votre amitié, Geneviève : il me faut à moi plus qu'aux autres.

— Assez, dit madame Dixmer avec un geste de reine, assez, monsieur Lindey; voici notre voiture, veuillez me reconduire chez mon mari.

Maurice tremblait de fièvre et d'émotion, lorsque Geneviève, pour rejoindre la voiture, qui, en effet, se tenait à quelques pas seulement, posa sa main sur le bras de Maurice ; il sembla au jeune homme que cette main était de flamme. Tous deux montèrent dans la voiture : Geneviève s'assit au fond, Maurice se plaça sur le devant. On traversa tout Paris, sans que ni l'un ni l'autre eût prononcé une parole.

Seulement, pendant tout le trajet, Geneviève avait tenu son mouchoir appuyé sur ses yeux.

Lorsqu'ils rentrèrent à la fabrique, Dixmer était occupé dans son cabinet de travail; Morand arrivait de Rambouillet, et était en train de changer de costume. Geneviève tendit la main à Maurice en rentrant dans sa chambre, et lui dit :

— Adieu¹, Maurice, vous l'avez voulu.

Maurice ne répondit rien ; il alla droit à la cheminée où pendait une miniature représentant Geneviève : il la baisa ardemment, la pressa sur son cœur, la remit à sa place, et sortit.

Maurice était rentré chez lui sans savoir comment il y était revenu ; il avait traversé Paris sans rien voir, sans rien entendre ; les choses qui venaient de se passer s'étaient écoulées devant lui comme dans un rêve, sans qu'il pût se rendre compte ni de ses actions, ni de ses paroles, ni du sentiment qui les avait inspirées. Il y a des momens où l'âme la plus sereine, la plus maîtresse d'elle-même, s'oublie à des violences que lui commandent les puissances subalternes de l'imagination.

Ce fut, comme nous l'avons dit, une course et non un retour que la marche de Maurice ; il se déshabilla sans le secours de son valet de chambre, ne répondit pas à sa cuisinière qui lui montrait un souper tout préparé, puis prenant les lettres de la journée sur sa table, il les lut toutes, les unes après les autres, sans en comprendre un seul mot. Le brouillard de la jalousie, l'ivresse de la raison, n'était point encore dissipé.

A dix heures, Maurice se coucha machinalement comme il avait fait toutes choses depuis qu'il avait quitté Geneviève.

Si, à Maurice de sang-froid, on eût raconté comme d'un autre la conduite étrange qu'il avait tenue, il ne l'aurait pas comprise, et il eut tenu pour fou celui qui avait accompli cette espèce d'action désespérée, que n'autorisaient ni une trop grande réserve, ni un trop grand abandon de Geneviève ; ce qu'il sentit seulement, ce fut un coup terrible porté à des espérances dont il ne s'était jamais même rendu compte et sur lesquelles, toutes vagues qu'elles étaient, reposaient tous ses rêves de bonheur qui, pareils à une insaisissable vapeur, flottaient informes à l'horizon.

Aussi il arriva à Maurice ce qui arrive presque toujours en pareil cas : étourdi du coup reçu, il s'endormit aussitôt qu'il se sentit dans son lit, ou plutôt il demeura privé de sentiment jusqu'au lendemain.

Un bruit le réveilla cependant : c'était celui que faisait son officieux en ouvrant la porte; il venait, selon sa coutume, ouvrir les fenêtres de la chambre à coucher de Maurice, qui donnaient sur un grand jardin, et apporter des fleurs.

On cultivait force fleurs en 93, et Maurice les adorait, mais il ne jeta pas même un coup d'œil sur les siennes, et appuyant à demi-soulevée sa tête alourdie sur sa main, il essaya de se rappeler ce qui s'était passé la veille.

Maurice se demanda à lui-même, sans pouvoir s'en rendre compte, quelles étaient les causes de sa maussaderie ; la seule était sa jalousie pour Morand, mais le moment était mal choisi de s'amuser à être jaloux d'un homme, quand cet homme était à Rambouillet, et qu'en tête-à-tête avec la femme qu'on aime, on jouit de ce tête-à-tête avec toute la suavité dont l'entoure la nature qui se réveille dans un des premiers beaux jours du printems.

Ce n'était point la défiance de ce qui avait pu se passer dans cette maison d'Auteuil où il avait conduit Geneviève et où elle était restée plus d'une heure; non, le tourment incessant de sa vie c'était cette idée que Morand était amoureux de Geneviève; et, singulière fantaisie du cerveau, singulière combinaison du caprice, jamais un geste, jamais un regard, jamais un mot de l'associé de Dixmer n'avait donné une apparence de réalité à une pareille supposition !

La voix du valet de chambre le tira de sa rêverie.

— Citoyen, dit-il, en lui montrant les lettres ouvertes sur la table, avez-vous fait choix de celles que vous gardez, ou puis-je tout brûler ?

— Brûler quoi ? dit Maurice.

— Mais les lettres que le citoyen a lues hier avant de se coucher.

Maurice ne se souvenait pas en avoir lu une seule.

— Brûlez tout, dit-il.

— Voici celles d'aujourd'hui, citoyen, dit l'officieux.

Il présenta un paquet de lettres à Maurice et alla jeter les autres dans la cheminée.

Maurice prit le paquet qu'on lui présentait, sentit sous ses doigts l'épaisseur d'une cire, et crut vaguement reconnaître un parfum ami.

Il chercha parmi les lettres et vit un cachet et une écriture qui le firent tressaillir.

Cet homme, si fort en face de tout danger, pâlissait à la seule odeur d'une lettre.

L'officieux s'approcha de lui pour lui demander ce qu'il avait ; mais Maurice lui fit de la main signe de sortir.

Maurice tournait et retournait cette lettre ; il avait le pressentiment qu'elle renfermait un malheur pour lui et il tressaillit comme l'on tremble devant l'inconnu.

Cependant il rappela tout son courage, l'ouvrit et lut ce qui suit :

« Citoyen Maurice,

» Il faut que nous rompions des
» liens qui, de votre côté, affectent
» de dépasser les lois de l'amitié. Vous
» êtes un homme d'honneur, citoyen,

» et maintenant qu'une nuit s'est
» écoulée sur ce qui s'est passé entre
» nous hier soir, vous devez com-
» prendre que votre présence est de-
» venue impossible à la maison. Je
» compte sur vous pour trouver telle
» excuse qu'il vous plaira près de mon
» mari. En voyant arriver aujourd'hui
» même une lettre de vous pour
» M. Dixmer, je me convaincrai qu'il
» faut que je regrette un ami malheu-
» reusement égaré, mais que toutes
» les convenances sociales m'empê-
» chent de revoir.

» Adieu pour toujours,

» Geneviève. »

« P. S. Le porteur attend la réponse. »

Maurice appela : le valet de chambre reparut.

— Qui a apporté cette lettre ?

— Un citoyen commissionnaire.

— Est-il là ?

— Oui.

Maurice ne soupira point, n'hésita point. Il sauta en bas de son lit, passa un pantalon à pieds, s'assit devant son pupître, prit la première feuille de papier venue (il se trouva que c'était un papier avec une tête de lettre imprimée au nom de la section), et écrivit :

« Citoyen Dixmer,

» Je vous aimais, je vous aime en-
» core, mais je ne puis plus vous
» voir. »

Maurice chercha la cause pour laquelle il ne pouvait plus voir le citoyen Dixmer, et une seule se présenta à son esprit; ce fut celle qui, à cette époque, se serait présentée à l'esprit de tout le monde. Il continua donc :

« Certains bruits courent sur votre
» tiédeur pour la chose publique. Je
» ne veux point vous accuser et n'ai
» point de vous mission de vous dé-
» fendre. Recevez mes regrets et de-

» meurez persuadé que vos secrets de-
» meurent ensevelis dans mon cœur. »

Maurice ne relut pas même cette lettre qu'il avait écrite, comme nous l'avons dit, sous l'impression de la première idée qui s'était présentée à lui. Il n'y avait pas de doute sur l'effet qu'elle devait produire. Dixmer, excellent patriote, comme Maurice avait pu le voir à ses discours du moins, Dixmer se fâcherait en la recevant : sa femme et le citoyen Morand l'engageraient sans doute à persévérer, il ne répondrait même pas, et l'oubli viendrait comme un voile noir s'étendre sur le passé riant pour le transformer en avenir lugubre. Maurice signa, cacheta la lettre, la passa à son officieux et le commissionnaire partit.

Alors un faible soupir s'échappa du cœur du républicain ; il prit ses gants, son chapeau et se rendit à la section.

Il espérait, pauvre Brutus, retrouver son stoïcisme en face des affaires publiques.

Les affaires publiques étaient terribles : le 31 mai se préparait. La Terreur qui, pareille à un torrent, se précipitait du haut de la Montagne, essayait d'emporter cette digue qu'essayaient de lui opposer les Girondins, ces audacieux modérés qui avaient osé demander vengeance des massacres de Septembre et lutter un instant pour sauver la vie du roi.

Tandis que Maurice travaillait avec tant d'ardeur que la fièvre qu'il voulait chasser dévorait sa tête au lieu de son cœur, le messager rentrait dans la vieille rue Saint-Jacques et emplissait le logis de stupéfaction et d'épouvante.

La lettre, après avoir passé sous les yeux de Geneviève, fut remise à Dixmer.

Dixmer l'ouvrit et la lut sans y rien comprendre d'abord, puis il la communiqua au citoyen Morand, qui laissa retomber sur sa main son front blanc comme l'ivoire.

Dans la situation où se trouvaient Dixmer, Morand et ses compagnons, situation parfaitement inconnue à Maurice, mais que nos lecteurs ont pénétrée, cette lettre était en effet un coup de foudre.

— Est-il honnête homme ? demanda Dixmer avec angoisse.

— Oui, répondit sans hésitation Morand.

— N'importe! reprit celui qui avait été pour les moyens extrêmes, nous avons, vous le voyez, bien mal fait de ne pas le tuer.

— Mon ami, dit Morand, nous luttons contre la violence ; nous la flétrissons du nom de crime. Nous avons bien fait, quelque chose qui puisse en résulter, de ne point assassiner un homme ; puis, je le répète, je crois Maurice un cœur noble et honnête.

— Oui, mais si ce cœur noble et honnête est celui d'un républicain exalté, peut-être lui-même regarderait-il comme un crime, s'il a surpris quelque chose, de ne pas immoler son propre honneur, comme ils disent, sur l'autel de la patrie.

— Mais, dit Morand, croyez-vous qu'il sache quelque chose?

— Eh! n'entendez-vous point? il parle de secrets qui resteront ensevelis dans son cœur.

— Ces secrets sont évidemment ceux qui lui ont été confiés par moi relativement à notre contrebande; il n'en connaît pas d'autres.

— Mais, dit Morand, de cette entrevue d'Auteuil n'a-t-il rien soupçonné? Vous savez qu'il accompagnait votre femme.

— C'est moi-même qui ai dit à Geneviève de prendre Maurice avec elle pour la sauvegarder.

— Ecoutez, dit Morand, nous verrons bien si ces soupçons sont vrais. Le tour de garde de notre bataillon arrive au Temple le 2 juin, c'est-à-dire dans huit jours; vous êtes capitaine, Dixmer, et moi lieutenant : si notre bataillon ou notre compagnie même reçoit contre-ordre, comme l'a reçu l'autre jour le bataillon de la Butte-des-Moulins que Santerre a remplacé par celui des Gravilliers, tout est découvert, et nous n'avons plus qu'à fuir Paris ou à mourir en combattant. Mais si tout suit le cours ordinaire des choses...

— Nous sommes perdus de la même façon, répliqua Dixmer.

— Pourquoi cela?

— Pardieu, tout ne roulait-il pas sur la coopération de ce municipal? N'était-ce pas lui qui, sans le savoir, nous devait ouvrir un chemin jusqu'à la reine?

— C'est vrai, dit Morand abattu.

— Vous voyez donc, reprit Dixmer en fronçant le sourcil, qu'à tout prix il nous faut renouer avec ce jeune homme.

— Mais s'il s'y refuse, s'il craint de se compromettre? dit Morand.

— Écoutez, dit Dixmer, je vais interroger Geneviève; c'est elle qui l'a quitté la dernière, elle saura peut-être quelque chose.

— Dixmer, dit Morand, je vous vois avec peine mêler Geneviève à tous nos complots; non pas que je craigne une indiscrétion de sa part, oh! grand Dieu! mais la partie que nous jouons est terrible, et j'ai honte et pitié à la fois de mettre dans notre enjeu la tête d'une femme.

— La tête d'une femme, répondit Dixmer, pèse le même poids que celle d'un homme là où la ruse, la candeur ou la beauté peuvent faire autant et quelquefois même davantage que la force, la puissance et le courage; Geneviève partage nos convictions et nos sympathies, Geneviève partagera notre sort.

— Faites donc, cher ami, répondit Morand ; j'ai dit ce que je devais dire. Faites ; Geneviève est digne en tous points de la mission que vous lui donnez ou plutôt qu'elle s'est donnée elle-même. C'est avec les saintes qu'on fait les martyrs.

Et il tendit sa main blanche et efféminée à Dixmer qui la serra entre ses mains vigoureuses.

Puis Dixmer, recommandant à Morand et à ses compagnons une surveillance plus grande que jamais, passa chez Geneviève.

Elle était assise devant une table, l'œil attaché sur une broderie et le front baissé.

Elle se retourna au bruit de la porte qui s'ouvrait et reconnut Dixmer.

— Ah! c'est vous, mon ami, dit-elle.

— Oui, répondit Dixmer avec un visage placide et souriant; je reçois de notre ami Maurice une lettre à laquelle je ne comprends rien. Tenez, lisez-la donc et dites-moi ce que vous en pensez.

Geneviève prit la lettre d'une main dont, malgré toute sa puissance sur elle-même, elle ne pouvait dissimuler le tremblement, et lut.

Dixmer suivit des yeux ; ses yeux parcouraient chaque ligne.

— Eh bien! dit-il, quand elle eut fini.

— Eh bien! je pense que M. Maurice Lindey est un honnête homme, répondit Geneviève avec le plus grand calme, et qu'il n'y a rien à craindre de son côté.

— Vous croyez qu'il ignore quelles sont les personnes que vous avez été visiter à Auteuil?

— J'en suis sûre.

— Pourquoi donc cette brusque détermination ? Vous a-t-il paru hier ou plus froid ou plus ému que d'habitude ?

— Non, dit Geneviève ; je crois qu'il était le même.

— Songez bien à ce que vous me répondez là, Geneviève ; car votre réponse, vous devez le comprendre, va avoir sur tous nos projets une grave influence.

— Attendez donc, dit Geneviève avec une émotion qui perçait à travers tous les efforts qu'elle faisait pour conserver sa froideur ; attendez donc...

— Bien ! dit Dixmer avec une légère contraction des muscles de son visage; bien, rappelez-vous tous vos souvenirs, Geneviève.

— Oui, reprit la jeune femme, oui, je me rappelle; hier il était maussade; monsieur Maurice, continua-t-elle avec une certaine hésitation, est un peu tyran dans ses amitiés... et nous avons quelquefois boudé des semaines entières.

— Ce serait donc une simple bouderie ? demanda Dixmer.

— C'est probable.

— Geneviève, dans notre position, comprenez cela, ce n'est pas une probabilité qu'il nous faut, c'est une certitude.

— Eh bien! mon ami... j'en suis certaine.

— Cette lettre alors ne serait qu'un prétexte pour ne point revenir à la maison?

— Mon ami, comment voulez-vous que je vous dise de pareilles choses.

— Dites, Geneviève, dites, répondit Dixmer, car à toute autre femme qu'à vous, je ne les demanderais pas.

— C'est un prétexte, dit Geneviève en baissant les yeux.

— Ah! fit Dixmer.

Puis, après un moment de silence, retirant de son gilet et appuyant sur le dossier de la chaise de sa femme une main avec laquelle il venait de comprimer les battemens de son cœur :

— Rendez-moi un service, chère amie, fit Dixmer.

— Et lequel ? demanda Geneviève en se retournant étonnée.

— Prévenez jusqu'à l'ombre d'un danger ; Maurice est peut-être plus avant dans nos secrets que nous ne le soupçonnons. Ce que vous croyez un prétexte est peut-être une réalité. Ecrivez-lui un mot.

— Moi ? fit Geneviève en tressaillant.

— Oui, vous; dites-lui que c'est vous qui avez ouvert la lettre et que vous désirez en avoir l'explication; il viendra, vous l'interrogerez et vous devinerez très facilement alors de quoi il est question.

—Oh! non, certes, s'écria Geneviève, je ne puis faire ce que vous me dites; je ne le ferai pas.

— Chère Geneviève, quand des intérêts aussi puissans que ceux qui reposent sur nous sont en jeu, comment reculez-vous devant de misérables considérations d'amour-propre !

— Je vous ai dit mon opinion sur Maurice, monsieur, répondit Geneviève ; il est honnête, il est chevaleresque, mais il est capricieux, et je ne veux pas subir d'autre servitude que celle de mon mari.

Cette réponse fut faite à la fois avec tant de calme et de fermeté que Dixmer comprit qu'insister, en ce moment du moins, serait chose inutile ; il n'ajouta pas un seul mot, regarda Geneviève sans paraître la regarder, passa sa main sur son front humide de sueur et sortit.

Morand l'attendait avec inquiétude. Dixmer lui raconta mot pour mot ce qui venait de se passer.

— Bien, répondit Morand, restons-en donc là et n'y pensons plus. Plutôt que de causer une ombre de soucis à votre femme, plutôt que de blesser l'amour-propre de Geneviève, je renoncerais...

Dixmer lui posa la main sur l'épaule.

— Vous êtes fou, monsieur, lui dit-il en le regardant fixement, ou vous ne pensez pas un mot de ce que vous dites.

— Comment, Dixmer, vous croyez?

— Je crois, chevalier, que vous n'êtes pas plus maître que moi de laisser aller vos sentimens à l'impulsion de votre cœur; Ni vous, ni moi, ni Geneviève ne nous appartenons, Morand. Nous sommes des choses appelées à défendre un principe, et les principes s'appuient sur les choses qu'elles écrasent.

Morand tressaillit et garda le silence ; un silence rêveur et douloureux.

Ils firent ainsi quelques tours dans le jardin sans échanger une seule parole.

Puis Dixmer quitta Morand.

— J'ai quelques ordres à donner, dit-il d'une voix parfaitement calme. Je vous quitte, M. Morand.

Morand tendit la main à Dixmer et le regarda s'éloigner.

— Pauvre Dixmer, dit-il, j'ai bien peur que dans tout cela ce soit lui qui risque le plus.

Dixmer rentra effectivement dans son atelier, donna quelques ordres, relut les journaux, ordonna une distribution de pain et de mottes aux pauvres de la section, et rentrant chez lui, quitta son costume de travail pour ses vêtemens de sortie.

Une heure après, Maurice, au plus

fort de ses lectures et de ses allocutions fut interrompu par la voix de son officieux, qui, se penchant à son oreille, lui disait tout bas :

— Citoyen Lindey, quelqu'un qui, à ce qu'il prétend du moins, a des choses très importantes à vous dire, vous attend chez vous.

Maurice rentra et fut fort étonné, en rentrant, de trouver Dixmer installé chez lui, et feuilletant les journaux. En revenant il avait tout le long de la route interrogé son domestique, lequel, ne connaissant point le maître tanneur, n'avait pu lui donner aucun renseignement.

En apercevant Dixmer, Maurice s'arrêta sur le seuil de la porte et rougit malgré lui.

Dixmer se leva et lui tendit la main en souriant.

— Quelle mouche vous pique et que m'avez-vous écrit? demanda-t-il au jeune homme. En vérité, c'est me frapper sensiblement, mon cher Maurice. Moi, tiède et faux patriote, m'écrivez-vous! Allons donc, vous ne pouvez pas me redire de pareilles accusations en face ; avouez bien plutôt que vous me cherchez une mauvaise querelle.

— J'avouerai tout ce que vous voudrez, mon cher Dixmer, car vos procédés ont toujours été pour moi ceux d'un galant homme. Mais je n'en ai pas moins pris une résolution, et cette résolution est irrévocable.

— Comment cela? demanda Dixmer, de votre propre aveu vous n'avez rien à nous reprocher, et vous nous quittez cependant.

— Cher Dixmer, croyez que pour agir comme je le fais, que pour me priver d'un ami comme vous, il faut que j'aie de bien fortes raisons...

— Oui, mais en tout cas, reprit Dixmer, en affectant de sourire, ces raisons ne sont point celles que vous m'avez écrites. Celles que vous m'avez écrites ne sont qu'un prétexte.

Maurice réfléchit un instant.

— Ecoutez, Dixmer, dit-il, nous vivons dans une époque où le doute émis dans une lettre peut et doit vous tourmenter, je le comprends ; il ne serait donc point d'un homme d'honneur de vous laisser sous le poids d'une pareille inquiétude. Oui, Dixmer, les raisons que je vous ai données n'étaient qu'un prétexte.

Cet aveu qui aurait dû éclaircir le front du commerçant, sembla au contraire l'assombrir.

— Mais enfin le véritable motif? dit Dixmer.

— Je ne puis vous le dire, répliqua Maurice; et cependant si vous le connaissiez, vous l'approuveriez, j'en suis sûr.

Dixmer le pressa.

— Vous le voulez donc absolument? dit Maurice.

— Oui, répondit Dixmer.

— Eh bien! reprit Maurice, qui éprouvait un certain soulagement à se rapprocher de la vérité; voici ce que c'est : vous avez une femme jeune et belle, et la chasteté, cependant bien connue, de cette femme jeune et belle, n'a pu faire que mes visites chez vous n'aient été mal interprétées.

Dixmer pâlit légèrement.

— Vraiment? dit-il, alors, mon cher Maurice, l'époux vous doit remercier du mal que vous faites à l'ami.

— Vous comprenez, dit Maurice, que je n'ai pas la fatuité de croire que ma présence puisse être dangereuse pour votre repos ou celui de votre femme, mais elle peut être une source de calomnie, et, vous le savez, plus les calomnies sont absurdes, plus facilement on les croit.

— Enfant! dit Dixmer en haussant les épaules.

— Enfant, tant que vous voudrez, répondit Maurice; mais de loin nous n'en serons pas moins amis, car nous n'aurons rien à nous reprocher, tandis que de près, au contraire...

— Eh bien, de près?

— Les choses auraient pu finir par s'envenimer.

— Pensez-vous, Maurice, que j'aurais pu croire...

— Eh! mon Dieu ! fit le jeune homme.

— Mais pourquoi m'avez-vous écrit

cela plutôt que de me le dire, Maurice?

— Tenez, justement pour éviter ce qui se passe entre nous en ce moment.

— Êtes-vous donc fâché, Maurice, que je vous aime assez pour être venu vous demander une explication? fit Dixmer.

— Oh! tout au contraire, s'écria Maurice, et je suis heureux, je vous jure, de vous avoir vu cette fois encore, avant de ne plus vous revoir.

— Ne plus nous revoir, citoyen! nous vous aimions bien pourtant, répliqua Dixmer en prenant et en pressant la main du jeune homme entre les siennes.

Maurice tressaillit.

— Morand, continua Dixmer à qui ce tressaillement n'avait point échappé, mais qui cependant n'en exprima rien, Morand me le répétait encore ce matin : « Faites tout ce que vous pourrez, disait-il, pour ramener ce cher monsieur Maurice. »

— Ah ! monsieur, dit le jeune homme en fronçant le sourcil et en retirant sa main, je n'aurais pas cru être si avant dans les amitiés du citoyen Morand.

— Vous en doutez? demanda Dixmer.

— Moi, répondit Maurice, je ne le crois ni n'en doute, je n'ai aucun motif de m'interroger à ce sujet : quand j'allais chez vous, Dixmer, j'y allais pour vous et pour votre femme, mais non pour le citoyen Morand.

— Vous ne le connaissez pas, Maurice, dit Dixmer ; Morand est une belle âme.

— Je vous l'accorde, dit Maurice en souriant avec amertume.

— Maintenant, continua Dixmer, revenons à l'objet de ma visite.

Maurice s'inclina en homme qui n'a plus rien à dire et qui attend.

— Vous dites donc que des propos ont été faits ?

— Oui, citoyen, dit Maurice.

— Eh bien! voyons, parlons franchement. Pourquoi feriez-vous attention à quelque vain caquetage de voisin désœuvré? Voyons, n'avez-vous pas votre conscience, Maurice, et Geneviève n'a-t-elle pas son honnêteté?

— Je suis plus jeune que vous, dit Maurice, qui commençait à s'étonner de cette insistance, et je vois peut-être les choses d'un œil plus susceptible. C'est pourquoi je vous déclare que sur la réputation d'une femme comme Geneviève il ne doit pas même y avoir le vain caquetage d'un voisin désœuvré. Permettez donc, cher Dixmer, que je persiste dans ma première résolution.

— Allons, dit Dixmer, et puisque nous sommes en train d'avouer, avouons encore autre chose.

— Quoi? demanda Maurice en rougissant. Que voulez-vous que j'avoue?

— Que ce n'est ni la politique, ni le bruit de vos assiduités chez moi qui vous engage à nous quitter?

— Qu'est-ce donc alors?

— Le secret que vous avez pénétré.

— Quel secret? demanda Maurice avec une expression de curiosité naïve qui rassura le tanneur.

— Cette affaire de contrebande que vous avez pénétrée le soir même où nous avons fait connaissance d'une si étrange manière. Jamais vous ne m'avez pardonné cette fraude, et vous m'accusez d'être mauvais républicain parce que je me sers de produits anglais dans ma tannerie.

— Mon cher Dixmer, dit Maurice, je vous jure que j'avais complètement oublié, quand j'allais chez vous, que j'étais chez un contrebandier.

— En vérité?

— En vérité.

— Vous n'aviez donc pas d'autre motif d'abandonner la maison que celui que vous m'aviez dit?

— Sur l'honneur.

— Eh bien! Maurice, reprit Dixmer en se levant et serrant la main du jeune homme, j'espère que vous réfléchirez et que vous reviendrez sur cette résolution qui nous fait tant de peine à tous.

Maurice s'inclina et ne répondit point; ce qui équivalait à un dernier refus.

Dixmer sortit désespéré de n'avoir

pu se conserver de relations avec cet homme que certaines circonstances lui rendaient non-seulement si utile, mais encore presque indispensable.

Il était temps. Maurice était agité par mille désirs contraires. Dixmer le priait de revenir; Geneviève lui pourrait pardonner. Pourquoi donc désespérerait-il? Lorin à sa place aurait bien certainement une foule d'aphorismes tirés de ses auteurs favoris. Mais il y avait la lettre de Geneviève; ce congé formel qu'il avait emporté avec lui à la section, et qu'il avait sur son cœur avec le petit mot qu'il avait reçu d'elle le lendemain du jour où il l'avait tirée des mains de ces hommes qui l'insultaient ; enfin il y avait plus que tout cela, il y avait l'opiniâtre jalousie du jeune homme contre ce Morand détesté, première cause de sa rupture avec Geneviève.

Maurice demeura donc inexorable dans sa résolution.

Mais, il faut le dire, ce fut un vide pour lui que la privation de sa visite de chaque jour à la vieille rue Saint-Jacques ; et quand arriva l'heure où il avait l'habitude de s'acheminer vers le quartier Saint-Victor, il tomba dans une mélancolie profonde, et, à partir de ce moment, parcourut toutes les phases de l'attente et du regret.

Chaque matin, il s'attendait, en se réveillant, à trouver une lettre de Dixmer, et cette fois, il s'avouait, lui qui avait résisté à des instances de vive voix, qu'il céderait à une lettre; chaque jour, il sortait avec l'espérance de rencontrer Geneviève, et, d'avance, il avait trouvé, s'il la rencontrait, mille moyens pour lui parler. Chaque soir il rentrait chez lui avec l'espérance d'y trouver ce messager qui lui avait un matin, sans s'en douter, apporté la douleur, devenue depuis son éternelle compagne.

Bien souvent aussi, dans ses heures de désespoir, cette puissante nature rugissait à l'idée d'éprouver une pareille torture sans la rendre à celui qui la lui avait fait souffrir : or, la cause première de tous ses chagrins, c'était Morand. Alors il formait le projet d'aller chercher querelle à Morand. Mais l'associé de Dixmer était si frêle, si inoffensif, que l'insulter ou le provoquer, c'était une lâcheté de la part d'un colosse comme Maurice.

Lorin était bien venu jeter quelques distractions sur les chagrins que son ami s'obstinait à lui taire, sans lui en nier cependant l'existence. Celui-ci avait fait tout ce qu'il avait pu en pratique et en théorie pour rendre à la patrie ce cœur tout endolori par un autre amour. Mais quoique la circonstance fût grave, quoique dans toute autre disposition d'esprit elle eût entraîné Maurice tout entier dans le tourbillon politique, elle n'avait pu rendre au jeune républicain cette activité première qui avait fait de lui un héros du 14 juillet et du 10 août.

En effet, les deux systèmes, depuis près de dix mois en présence l'un de l'autre, et qui, jusque-là, ne s'étaient en quelque sorte porté que de légères attaques, et qui n'avaient préludé encore que par des escarmouches, s'apprêtaient à se prendre corps à corps, et il était évident que la lutte, une fois commencée, serait mortelle pour l'un des deux. Ces deux systèmes, nés du sein de la Révolution elle-même, étaient celui de la modération, représenté par les Girondins, c'est-à-dire par Brissot, Pétion, Vergniaud, Valazé, Lanjuinais, Barbaroux, etc., etc.; et celui de la Terreur ou de la Montagne, représenté par Danton, Robespierre, Chénier, Fabre, Marat, Collot-d'Herbois, Hébert, etc., etc.

Après le 10 août, l'influence, comme après toute action, avait semblé devoir passer au parti modéré. Un ministère avait été reformé des débris de l'ancien ministère et d'une ajonction nouvelle. Roland, Servien et Clavières, anciens ministres, avaient été rappelés; Danton, Monge et Le Brun avaient été nommés de nouveau. A l'exception d'un seul qui représentait, au milieu de ses collègues, l'élément énergique, tous les autres ministres appartenaient au parti modéré.

Quand nous disons modéré, on comprend bien que nous parlons relativement.

Mais le 10 août avait eu son écho à l'étranger, et la coalition s'était hâtée de marcher non pas au secours de Louis XVI personnellement, mais du principe royaliste ébranlé dans sa base. Alors avaient retenti les paroles menaçantes de Brunswick, et comme une terrible réalisation Longwy et Verdun étaient tombés au pouvoir ennemi. Alors avait eu lieu la réaction terroriste. Alors Danton avait rêvé les journées de septembre et avait réalisé ce rêve sanglant qui avait montré à l'ennemi la France tout entière complice d'un immense assassinat, prête à lutter pour son existence compromise avec toute l'énergie du désespoir. Septembre avait sauvé la France, mais tout en la sauvant l'avait mise hors la loi.

La France sauvée, l'énergie devenue inutile, le parti modéré avait repris quelques forces. Alors il avait voulu récriminer sur ces journées terribles. Les mots de meurtrier et d'assassin avaient été prononcés. Un mot nouveau avait même été ajouté au vocabulaire de la nation, c'était celui de Septembriseurs.

Danton l'avait bravement accepté. Comme Clovis, il avait un instant incliné la tête sous le baptême de sang, mais pour la relever plus haute et plus menaçante. Une autre occasion de reprendre la Terreur passée se présentait, c'était le procès du roi. La violence et la modération entrèrent, non pas encore tout-à-fait en lutte de personnes, mais en lutte de principes. L'expérience des forces relatives fut faite sur le prisonnier royal. La modération fut vaincue, et la tête de Louis XVI tomba sur l'échafaud.

Comme le 10 août, le 21 janvier avait rendu à la coalition toute son énergie. Ce fut encore le même homme qu'on lui opposa, mais non plus la même fortune. Dumouriez, arrêté dans ses progrès par le désordre de toutes les administrations qui empêchait les secours d'hommes et d'argent d'arriver jusqu'à lui, se déclare contre les Jacobins qu'il accuse de cette désorganisation, adopte le parti des Girondins, et les perd en se déclarant leur ami.

Alors la Vendée se lève, les départemens menacent; les revers amènent des trahisons, et les trahisons des revers. Les Jacobins accusent les modérés et veulent les frapper au 10 mars, c'est-à-dire pendant la soirée où s'est ouvert notre récit. Mais trop de précipitation de la part de leurs adversaires les sauve, et peut-être aussi cette pluie qui avait fait dire à Pétion, ce profond anatomiste de l'esprit parisien :

« Il pleut, il n'y aura rien cette nuit. »

Mais depuis ce 10 mars tout, pour les Girondins, avait été présage de ruine : Marat mis en accusation et acquitté; Robespierre et Danton réconciliés, momentanément du moins, comme se réconcilient un tigre et un lion pour abattre le taureau qu'ils doivent dévorer; Henriot, le Septembriseur, nommé commandant-général de la garde nationale : tout présageait cette journée terrible qui devait emporter dans un orage la dernière digue que la Révolution opposait à la Terreur.

Voilà les grands événemens auxquels, dans toute autre circonstance, Maurice eût pris cette part active que lui faisaient naturellement sa nature puissante et son patriotisme exalté. Mais heureusement ou malheureusement pour Maurice, ni les exhortations de Lorin, ni les terribles préoccupations de la rue n'avaient pu chasser de son esprit la seule idée qui l'obsédât, et quand arriva le 31 mai, le terrible assaillant de la Bastille et des Tuileries était couché sur son lit, dévoré par cette fièvre qui tue les plus forts, et qu'il ne faut cependant qu'un regard pour dissiper, qu'un mot pour guérir.

III

Le 31 mai.

Pendant la matinée de ce fameux 31 mai, où le tocsin et la générale retentissaient depuis le point du jour, le bataillon du faubourg Saint-Victor entrait au Temple.

Quand toutes les formalités d'usage eurent été accomplies et les postes distribués, on vit arriver les municipaux de service, et quatre pièces de canon de renfort vinrent se joindre à celles déjà en batterie à la porte du Temple.

En même temps que le canon arrivait Santerre avec ses épaulettes de laine jaune et son habit ou son patriotisme pouvait se lire en larges taches de graisse.

Il passa la revue du bataillon, qu'il trouva dans un état convenable, et compta les municipaux, qui n'étaient que trois.

— Pourquoi trois municipaux? demanda-t-il, et quel est le mauvais citoyen qui manque?

— Celui qui manque, citoyen général, n'est cependant pas un tiède, répondit notre ancienne connaissance Agricola ; car c'est le secrétaire de la section Lepelletier, le chef des braves Thermopyles, le citoyen Maurice Lindey.

— Bien, bien, fit Santerre ; je reconnais, comme toi, le patriotisme du citoyen Maurice Lindey, ce qui n'empêchera pas que si, dans dix minutes, il n'est pas arrivé, on l'inscrira sur la liste des absens.

Et Santerre passa aux autres détails.

A quelques pas du général, au moment où il prononçait ces paroles, un capitaine de chasseurs et un soldat se tenaient à l'écart : l'un appuyé sur son fusil, l'autre assis sur un canon.

— Avez-vous entendu? dit à demi-voix le capitaine au soldat; Maurice n'est point encore arrivé?

— Oui, mais il arrivera, soyez tranquille, à moins qu'il ne soit d'émeute.

— S'il pouvait ne pas venir, dit le capitaine; je vous placerais en sentinelle sur l'escalier, et, comme *elle* montera probablement à la tour, vous pourrez lui dire un mot.

En ce moment, un homme, qu'on

reconnut pour un municipal, à son écharpe tricolore, entra : seulement cet homme était inconnu du capitaine et du chasseur, aussi leurs yeux se fixèrent-ils attentivement sur lui.

— Citoyen général, dit le nouveau-venu en s'adressant à Santerre, je te prie de m'accepter en place du citoyen Maurice Lindey, qui est malade, voici le certificat du médecin; mon tour de garde arrivait dans huit jours, je permute avec lui; dans huit jours, il fera mon service, comme je vais faire aujourd'hui le sien.

— Si, toutefois, les Capet et les Capettes vivent encore huit jours, dit un des municipaux.

Santerre répondit, par un petit sourire, à la plaisanterie de ce zélé, puis, se tournant vers le mandataire de Maurice :

— C'est bien, dit-il, va signer sur le registre, à la place de Maurice Lindey, et consigne, à la colonne des observations, les causes de cette mutation.

Cependant le capitaine et le chasseur s'étaient regardés avec une surprise joyeuse.

— Dans huit jours, se dirent-ils.

— Capitaine Dixmer, cria Santerre, prenez position dans le jardin avec votre compagnie.

— Venez, Morand, dit le capitaine au chasseur, son compagnon.

Le tambour retentit, et la compagnie, conduite par le maître tanneur, s'éloigna dans la direction prescrite.

On mit les armes en faisceaux, et la compagnie se sépara par groupes, qui commencèrent à se promener en long et en large, selon leur fantaisie.

Le lieu de leur promenade était le jardin même, où, du temps de Louis XVI, la famille royale venait, quelquefois, prendre l'air. Ce jardin était nu, aride, désolé, complètement dépouillé de fleurs, d'arbres et de verdure.

A vingt-cinq pas, à peu près, de la portion du mur qui donnait sur la rue Porte-Foin, s'élevait une espèce de cahute, que la prévoyance de la municipalité avait permis d'établir, pour la plus grande commodité des gardes nationaux qui stationnaient au Temple, et qui trouvaient là, dans les jours d'émeute, où il était défendu de sortir, à boire et à manger. La direction de cette petite guinguette intérieure avait été fort ambitionnée. Enfin, la concession en avait été faite à une excellente patriote, veuve d'un faubourien tué au 10 août, et qui répondait au nom de la femme Plumeau.

Cette petite cabane, bâtie en planches et en torchis, était située au milieu d'une plate-bande, dont on reconnaissait encore les limites à une haie naine en buis. Elle se composait d'une seule chambre d'une douzaine de pieds carrés, au dessous de laquelle s'étendait une cave où on descendait par des escaliers grossièrement taillés dans la terre même. C'était là que la veuve Plumeau enfermait ses liquides et ses comestibles, sur lesquels, elle et sa fille, enfant de douze à quinze ans, veillaient à tour de rôle.

A peine installés à leur bivouac, les gardes nationaux se mirent donc, comme nous l'avons dit, les uns à se promener dans le jardin, les autres à causer avec les concierges ; ceux-ci a regarder les dessins tracés sur la muraille, et qui représentaient tous quelque dessin patriotique tel que le roi pendu, avec cette inscription : « M. Veto prenant un bain d'air, » — ou le roi guillotiné, avec cette autre : « M. Veto crachant dans le sac » ; ceux-là à faire des ouvertures à madame Plumeau sur les desseins gastronomiques que leur suggérait leur plus ou moins d'appétit.

Au nombre de ces derniers étaient le capitaine et le chasseur que nous avons déjà remarqués.

— Ah ! capitaine Dixmer, dit la cantinière, j'ai du fameux vin de Saumur, allez.

— Bon, citoyenne Plumeau, mais le vin de Saumur, à mon avis du moins, ne vaut rien sans le fromage de Brie, répondit le capitaine qui, avant d'émettre ce système, avait regardé avec soin autour de lui et avait remarqué parmi les différens comestibles qu'étalaient orgueilleusement les rayons de la cantine l'absence de ce comestible apprécié par lui.

— Ah! mon capitaine, c'est comme un fait exprès, mais le dernier morceau vient d'être enlevé.

— Alors, dit le capitaine, pas de fromage de Brie, pas de vin de Saumur; et remarque, citoyenne, que la consommation en valait la peine, attendu que je comptais en offrir à toute la compagnie.

— Mon capitaine, je te demande cinq minutes et je cours en chercher chez le citoyen concierge qui me fait concurrence, et qui en a toujours ; je le paierai un peu plus cher, mais tu es trop bon patriote pour ne pas me dédommager.

— Oui, oui, va, répondit Dixmer, et nous, pendant ce tems, nous allons descendre à ta cave et choisir nous-mêmes notre vin.

— Fais comme chez toi, capitaine, fais.

Et la veuve Plumeau se mit à courir

de toutes ses forces vers la loge du concierge, tandis que le capitaine et le chasseur, munis d'une chandelle, soulevaient la trappe et descendaient dans la cave.

— Bon, dit Morand après un instant d'examen ; la cave s'avance dans la direction de la rue Porte-Foin. Elle est profonde de neuf à dix pieds, et il n'y a aucune maçonnerie.

— Quelle est la nature du sol, demanda Dixmer ?

— Tuf crayeux. Ce sont des terres rapportées ; tous ces jardins ont été bouleversés à plusieurs reprises, il n'y a de roche nulle part.

— Vite, s'écria Dixmer, j'entends les sabots de notre vivandière ; prenez deux bouteilles de vin et remontons.

Ils apparaissaient tous deux à l'orifice de la trappe, quand la Plumeau rentra, portant le fameux fromage de Brie demandé avec tant d'insistance.

Derrière elle venaient plusieurs chasseurs alléchés par la bonne apparence du susdit fromage.

Dixmer fit les honneurs : il offrit une vingtaine de bouteilles de vin à sa compagnie, tandis que le citoyen Morand racontait le dévouement de

Curtius, le désintéressement de Fabricius et le patriotisme de Brutus et de Cassius, toutes histoires qui furent presque autant appréciées que le fromage de Brie et le vin d'Anjou offerts par Dixmer, ce qui n'est pas peu dire.

Onze heures sonnèrent. C'était à onze heures et demie qu'on relevait les sentinelles.

— N'est-ce point d'ordinaire de midi à une heure que l'Autrichienne se promène? demanda Dixmer à Tison qui passait devant la cabane.

— De midi à une heure justement.

Et il se mit à chanter.

> Madam' monte à sa tour,
> Mironton, tonton, mirontaine.

Cette nouvelle facétie fut accueillie par les rires universels des gardes nationaux.

Aussitôt Dixmer fit l'appel des hommes de sa compagnie qui devaient monter leur garde de onze heures et demie à une heure et demie, recommanda de hâter le déjeûner et fit prendre les armes à Morand pour le placer, comme il était convenu, au dernier étage de la tour, dans cette même guérite derrière laquelle Maurice s'était caché le jour où il avait intercepté les signes qui avaient été faits à la reine d'une fenêtre de la rue Porte-Foin.

Si l'on eût regardé Morand au moment où il reçut cet avis bien simple et bien attendu, on eût pu le voir blémir sous les longues mêches de ses cheveux noirs.

Soudain un bruit sourd ébranla les cours du Temple, et l'on entendit dans le lointain comme un ouragan de cris et de rugissemens.

— Qu'est-ce que cela ? demanda Dixmer à Tison.

— Oh! oh! répondit le geôlier, ce n'est rien; quelque petite émeute que voudraient nous faire ces gueux de Brissotins avant d'aller à la guillotine.

Le bruit devenait de plus en plus menaçant; on entendait rouler l'artillerie, et une troupe de gens hurlant passa près du Temple en criant :

« Vivent les sections ! Vive Henriot ! A bas les Brissotins ! A bas les Rolandistes ! A bas madame Veto ! »

— Bon, bon ! dit Tison en se frottant les mains, je vais ouvrir à madame Veto pour qu'elle jouisse sans empêchement de l'amour que lui porte son peuple.

Et il s'approcha du guichet du donjon.

— Ohé ! Tison, cria une voix formidable.

— Mon général ? répondit celui-ci en s'arrêtant tout court.

— Pas de sortie aujourd'hui, dit Santerre ; les prisonnières ne quitteront pas leur chambre.

L'ordre était sans appel.

— Bon, dit Tison, c'est de la peine de moins.

Dixmer et Morand échangèrent un lugubre regard, puis en attendant que l'heure de la faction, inutile maintenant, sonnât, ils allèrent tous deux sans affectation se promener entre la cantine et le mur donnant sur la rue Porte-Foin. Là, Morand commença à arpenter la distance en faisant des pas géométriques, c'est-à-dire de trois pieds.

— Quelle distance? demanda Dixmer.

— Soixante à soixante-un pieds, répondit Morand.

— Combien de jours faudra-t-il?

Morand réfléchit, traça sur le sable avec une baguette quelques signes géométriques qu'il effaça aussitôt.

— Il faudra sept jours, au moins, dit-il.

— Maurice est de garde dans huit jours, murmura Dixmer. Il faut donc absolument que, d'ici à huit jours, nous soyons raccommodés avec Maurice.

La demie sonna. Morand reprit son fusil en soupirant, et, conduit par le caporal, alla relever la sentinelle, qui se promenait sur la plate-forme de la tour.

IV

Dévoûment.

Le lendemain du jour où s'étaient passées les scènes que nous venons de raconter, c'est-à-dire, le 1ᵉʳ juin, à dix heures du matin, Geneviève était assise à sa place accoutumée, près de la fenêtre; elle se demandait pourquoi, depuis trois semaines, les jours se levaient si tristes pour elle, pourquoi ces jours se passaient si lentement, et, enfin, pourquoi, au lieu d'attendre le soir avec ardeur, elle l'attendait maintenant avec effroi.

Ses nuits, surtout, étaient tristes, ses nuits d'autrefois étaient si belles; ces nuits qui se passaient à rêver à la veille et au lendemain.

En ce moment, ses yeux tombèrent sur une magnifique caisse d'œillets tigrés et d'œillets rouges, que, depuis l'hiver, elle tirait de cette petite serre, où Maurice avait été retenu prisonnier, pour les faire éclore dans sa chambre.

Maurice lui avait appris à les cultiver dans cette plate-bande d'acajou, où ils étaient enfermés ; elle les avait arrosés, émondés, palissés elle-même, tant que Maurice avait été là, car, lorsqu'il venait, le soir, elle se plaisait à lui montrer les progrès que, grâce à leurs soins fraternels, les charmantes fleurs avaient faits pendant la nuit. Mais, depuis que Maurice avait cessé de venir, les pauvres œillets avaient été négligés, et voilà que, faute de soins et de souvenir, les pauvres boutons allanguis étaient demeurés vides et se penchaient, jaunissans, hors de leur balustrade, sur laquelle ils retombaient, à demi-fanés.

Geneviève comprit, par cette seule vue, la raison de sa tristesse à elle-même. Elle se dit qu'il en était des fleurs comme de certaines amitiés que l'on nourrit, que l'on cultive avec passion, et qui, alors, font épanouir le cœur. Puis, un matin, un caprice ou un malheur coupe l'amitié par sa racine, et le cœur que cette amitié ravivait se resserre, languissant et flétri.

La jeune femme, alors, sentit l'angoisse affreuse de son cœur; le sentiment qu'elle avait voulu combattre, et qu'elle avait espéré vaincre, se débattait au fond de sa pensée; plus que jamais, criant qu'il ne mourrait qu'avec ce cœur ; alors elle eut un moment de désespoir, car elle sentit que la lutte lui devenait de plus en plus impossible : elle pencha doucement la tête, baisa un de ces boutons flétris et pleura.

Son mari entra chez elle juste au moment où elle essuyait ses yeux.

Mais, de son côté, Dixmer était tellement préoccupé par ses propres pensées, qu'il ne devina point cette crise douloureuse que venait d'éprouver sa femme, et il ne fit point attention à la rougeur dénonciatrice de ses paupières.

Il est vrai que Geneviève, en apercevant son mari, se leva vivement et courant à lui de façon à tourner le dos à la fenêtre, dans la demi-teinte :

— Eh bien! dit-elle.

— Eh bien! rien de nouveau; impossible d'approcher d'ELLE, impossible de lui rien faire passer; impossible même de la voir.

— Quoi! s'écria Geneviève, avec tout ce bruit qu'il y a eu dans Paris!

— Eh! c'est justement ce bruit qui a redoublé la défiance des surveillans; on a craint qu'on ne profitât de l'agitation générale pour faire quelque tentative sur le Temple, et, au moment où Sa Majesté allait monter sur la plate-forme, l'ordre a été donné, par Santerre, de ne laisser sortir ni la reine, ni madame Élisabeth, ni madame Royale.

— Pauvre chevalier, il a dû être bien contrarié.

— Il était au désespoir, quand il a vu cette chance nous échapper. Il a pâli au point que je l'ai entraîné de peur qu'il ne se trahît.

— Mais, demanda timidement Geneviève, il n'y avait donc, au Temple, aucun municipal de votre connaissance ?

— Il devait y en avoir un, mais il n'est point venu.

— Lequel ?

— Le citoyen Maurice Lindey, dit Dixmer d'un ton qu'il s'efforçait de rendre indifférent.

— Et pourquoi n'est-il point venu? demanda, de son côté, Geneviève en faisant le même effort sur elle-même.

— Il était malade.

— Malade, lui?

— Oui, et assez gravement même. Patriote, comme vous le connaissez, il a été forcé de céder son tour à un autre.

— C'est fâcheux.

— Oh! mon Dieu! y eût-il été, Geneviève, reprit Dixmer, vous comprenez, maintenant, que c'eût été la même chose. Brouillés, comme nous le sommes, peut-être eût-il évité de me parler.

— Je crois, mon ami, dit Geneviève, que vous vous exagérez la gravité de la situation. M. Maurice peut avoir le caprice de ne plus venir ici, quelques raisons futiles de ne plus vous voir; mais il n'est point, pour cela, notre ennemi. La froideur n'exclut pas la politesse, et, en vous voyant venir à lui, je suis certaine qu'il eût fait la moitié du chemin.

— Geneviève, dit Dixmer, pour ce

que nous attendions de Maurice, il faudrait plus que de la politesse, et ce n'était point trop d'une amitié réelle et profonde. Cette amitié est brisée ; il n'y a donc plus d'espoir de ce côté-là.

Et Dixmer poussa un profond soupir, tandis que son front, d'ordinaire si calme, se plissait tristement.

— Mais, dit timidement Geneviève, si vous croyez M. Maurice si nécessaire à vos projets...

— C'est-à-dire, répondit Dixmer, que je désespère de les voir réussir sans lui.

— Eh bien, alors, pourquoi ne tentez-vous pas une nouvelle démarche près du citoyen Lindey ?

Il lui semblait qu'en appelant le jeune homme par son nom de famille, l'intonation de sa voix était moins tendre que lorsqu'elle l'appelait par son nom de baptême.

— Non, répondit Dixmer en secouant la tête, non, j'ai fait tout ce que je pouvais faire : une nouvelle démarche semblerait singulière et éveillerait nécessairement ses soupçons ; non, et puis voyez-vous, Geneviève, je vois plus loin que vous dans toute cette affaire : il y a une plaie au fond du cœur de Maurice.

— Une plaie ? demanda Geneviève fort émue. Eh ! mon Dieu ! que voulez-vous dire, parlez, mon ami ?

—. Je veux dire, et vous en êtes convaincue comme moi, Geneviève, qu'il y a dans notre rupture avec le citoyen Lindey plus qu'un caprice.

— Et à quoi donc alors attribuez-vous cette rupture ?

— A l'orgueil peut-être, dit vivement Dixmer.

— A l'orgueil !...

— Oui, il nous faisait honneur, à

son avis du moins, ce bon bourgeois de Paris, ce demi-aristocrate de robe, conservant ses susceptibilités sous son patriotisme, il nous faisait honneur ce républicain tout puissant dans sa section, dans son club, dans sa municipalité, en accordant son amitié à des fabricans de pelleteries. Peut-être avons-nous fait trop peu d'avances, peut-être nous sommes-nous oubliés ?

— Mais, reprit Geneviève, si nous lui avons fait trop peu d'avances, si nous nous sommes oubliés, il me semble que la démarche que vous avez faite rachetait tout cela.

— Oui, en supposant que le tort vînt

de moi, mais si au contraire le tort venait de vous...

—De moi ? Et comment voulez-vous, mon ami, que j'aie eu un tort envers M. Maurice ? dit Geneviève étonnée.

— Eh! qui sait, avec un pareil caractère, ne l'avez-vous pas vous-même, et la première, accusé de caprice ; tenez, j'en reviens à ma première idée, Geneviève, vous avez eu tort de ne pas écrire à Maurice.

— Moi, s'écria Geneviève, y pensez-vous ?

—Non-seulement j'y pense, répondit Dixmer, mais encore depuis trois semaines que dure cette rupture, j'y ai beaucoup pensé.

— Et... demanda timidement Geneviève.

— Et je regarde cette démarche comme indispensable.

— Oh! s'écria Geneviève, non, non, Dixmer, n'exigez point cela de moi.

— Vous savez, Geneviève, que je n'exige jamais rien de vous, je vous prie seulement. Eh bien! entendez-vous, je vous prie d'écrire au citoyen Maurice.

— Mais... fit Geneviève.

— Ecoutez, reprit Dixmer en l'interrompant : ou il y a entre vous et Maurice de graves sujets de querelle, car, quant à moi, il ne s'est jamais plaint de mes procédés, ou votre brouille avec lui résulte de quelque enfantillage.

Geneviève ne répondit point.

— Si cette brouille est causée par un enfantillage, ce serait folie à vous de l'éterniser : si elle a pour cause un motif sérieux, au point où nous en sommes nous ne devons plus, comprenez bien cela, compter avec notre dignité, ni même avec notre amour-propre. Ne mettons donc point en balance, croyez-moi, une querelle de jeunes gens avec d'immenses intérêts. Faites un effort sur vous-même, écrivez un mot au citoyen Maurice Lindey et il reviendra.

Geneviève réfléchit un instant.

— Mais, dit-elle, ne saurait-on trouver un moyen moins compromettant de ramener la bonne intelligence entre vous et M. Maurice?

— Compromettant, dites-vous, mais c'est au contraire un moyen tout naturel; ce me semble?

— Non pas pour moi, mon ami.

— Vous êtes bien opiniâtre, Geneviève?

— Accordez-moi de dire que c'est la première fois, au moins, que vous vous en apercevez.

Dixmer, qui froissait son mouchoir entre ses mains depuis quelques instans, essuya son front couvert de sueur.

— Oui, dit-il, et c'est pour cela que mon étonnement s'en augmente.

— Mon Dieu! dit Geneviève; est-il possible, Dixmer, que vous ne compreniez point les causes de ma résistance et que vous vouliez me forcer à parler ?

Et elle laissa, faible et comme poussée à bout, tomber sa tête sur sa poitrine, et ses bras à ses côtés.

Dixmer parut faire un violent effort sur lui-même, prit la main de Geneviève, la força de relever la tête et la regardant entre les yeux se mit à rire avec un éclat qui eût paru bien forcé à Geneviève si elle-même eût été moins agitée en ce moment.

— Je vois ce que c'est, dit-il ; en vérité vous avez raison. J'étais aveugle. Avec tout votre esprit, ma chère

Geneviève, avec toute votre distinction, vous vous êtes laissé prendre à une banalité, vous avez eu peur que Maurice ne devînt amoureux de vous.

Geneviève sentit comme un froid mortel pénétrer jusqu'à son cœur. Cette ironie de son mari, à propos de l'amour que Maurice avait pour elle, amour dont, d'après la connaissance qu'elle avait du caractère du jeune homme, elle pouvait estimer toute la violence, amour enfin que, sans se l'être avoué autrement que par de sourds remords, elle partageait elle-même du fond du cœur, cette ironie la pétrifia. Elle n'eut point la force de regarder. Elle sentit qu'il lui serait impossible de répondre.

— J'ai deviné, n'est-ce pas, reprit Dixmer? Eh! bien, rassurez-vous, Geneviève, je connais Maurice; c'est un farouche républicain qui n'a point dans le cœur d'autre amour que l'amour de la patrie.

— Monsieur, s'écria Geneviève, êtes-vous bien sûr de ce que vous dites?

— Eh! sans doute, reprit Dixmer; si Maurice vous aimait, au lieu de se brouiller avec moi, il eût redoublé de soins et de prévenances pour celui qu'il avait intérêt à tromper. Si Maurice vous aimait il n'eût point si facilement renoncé à ce titre d'ami de la maison, à l'aide duquel d'ordinaire on couvre ces sortes de trahisons.

— En honneur, s'écria Geneviève, ne plaisantez point, je vous prie, sur de pareilles choses.

— Je ne plaisante point, madame, je vous dis que Maurice ne vous aime pas, voilà tout.

— Et moi, moi, s'écria Geneviève en rougissant, moi je vous dis que vous vous trompez.

— En ce cas, reprit Dixmer, Maurice qui a eu la force de s'éloigner plutôt que de tromper la confiance de son hôte est un honnête homme ; or, les honnêtes gens sont rares, Geneviève, et l'on ne peut trop faire pour les ramener à soi quand ils se sont écartés. Geneviève, vous écrirez à Maurice, n'est-ce pas ?

— Oh ! mon Dieu, dit la jeune femme.

Et elle laissa tomber sa tête entre ses deux mains ; car celui sur lequel elle comptait s'appuyer au moment du danger lui manquait tout à coup et la précipitait au lieu de la retenir.

Dixmer la regarda un instant, puis s'efforçant de sourire :

— Allons, chère amie, dit-il, point d'amour-propre de femme; si Maurice veut recommencer à vous faire quelque bonne déclaration, riez de la seconde comme vous avez fait de la première. Je vous connais, Geneviève, vous êtes un digne et noble cœur. Je suis sûr de vous.

— Oh! s'écria Geneviève en se laissant glisser de façon à ce qu'un de ses genoux touchât la terre, oh! mon Dieu! qui peut être sûr des autres quand nul n'est sûr de soi?

Dixmer devint pâle comme si tout son sang se retirait vers son cœur.

— Geneviève, dit-il, j'ai eu tort de

vous faire passer par toutes les angoisses que vous venez d'éprouver. J'aurais dû vous dire tout de suite : Geneviève, nous sommes dans l'époque des grands dévouemens ; Geneviève, j'ai dévoué à la reine, notre bienfaitrice, non seulement mon bras, non seulement ma tête, mais encore ma félicité ; d'autres lui donneront leur vie. Je ferai plus que de lui donner ma vie, moi, je risquerai mon honneur ; et mon honneur, s'il périt, ne sera qu'une larme de plus tombant dans cet océan de douleurs qui s'apprête à engloutir la France. Mais mon honneur ne risque rien quand il est sous la garde d'une femme comme ma Geneviève.

Pour la première fois Dixmer venait de se révéler tout entier.

Geneviève redressa la tête, fixa sur lui ses beaux yeux pleins d'admiration, se releva lentement, lui donna son front à baiser.

— Vous le voulez ? dit-elle.

Dixmer fit un signe affirmatif.

— Dictez alors, et elle prit une plume.

— Non point, dit Dixmer ; c'est assez d'user, d'abuser peut-être de ce digne jeune homme, et puisqu'il se réconciliera avec nous à la suite d'une lettre qu'il aura reçue de Geneviève, que cette lettre soit bien de Geneviève et non de M. Dixmer.

Et Dixmer baisa une seconde fois sa femme au front, la remercia et sortit.

Alors Geneviève tremblante écrivit :

« Citoyen Maurice,

» Vous saviez combien mon mari vous aimait. Trois semaines de sé-
» paration, qui nous ont paru un siè-
» cle, vous l'ont-elles fait oublier ? Ve-
» nez, nous vous attendons ; votre
» retour sera pour nous une véritable
» fête.

» Geneviève. »

V

La déesse Raison.

Comme Maurice l'avait fait dire la veille au général Santerre, il était sérieusement malade.

Depuis qu'il gardait la chambre, Lorin était venu régulièrement le voir, et avait fait tout ce qu'il avait pu pour le déterminer à prendre quelque distraction. Mais Maurice avait tenu bon. Il y a des maladies dont on ne veut pas guérir.

Le 1er juin, il arriva vers une heure.

— Qu'y a-t-il donc de particulier aujourd'hui? demanda Maurice, tu es superbe.

En effet, Lorin avait le costume de rigueur : le bonnet rouge, la carmagnole et la ceinture tricolore ornée de ces deux instrumens qu'on appelait alors les burettes de l'abbé Maury, et qu'auparavant et depuis on appela tout bonnement des pistolets.

— D'abord, dit Lorin, il y a généralement la débâcle de la Gironde qui est en train de s'exécuter, mais tambour battant. Dans ce moment-ci, par exemple, on chauffe les boulets rouges sur la place du Carrousel, puis particulièrement parlant, il y a une grande solennité à laquelle je t'invite pour après-demain.

— Mais, pour aujourd'hui, qu'y a-t-il donc? Tu viens me chercher, dis-tu?

— Oui; aujourd'hui nous avons la répétition.

— Quelle répétition ?

— La répétition de la grande solennité.

— Mon cher, dit Maurice, tu sais que depuis huit jours je ne sors plus; par conséquent, je ne suis plus au courant de rien, et j'ai le plus grand besoin d'être renseigné.

— Comment! je ne l'ai donc pas dit?

—Tu ne m'as rien dit.

— D'abord, mon cher, tu savais déjà que nous avions supprimé Dieu pour quelque temps, et que nous l'avons remplacé par l'Etre suprême.

— Oui, je sais cela.

— Eh bien! il paraît qu'on s'est aperçu d'une chose, c'est que l'Etre suprême était un modéré, un Rolandiste, un Girondin.

— Lorin, pas de plaisanterie sur les choses saintes ; je n'aime point cela, tu le sais.

— Que veux-tu, mon cher, il faut être de son siècle. Moi aussi j'aimais assez l'ancien Dieu, d'abord parce que j'y étais habitué. Quant à l'Etre suprême, il paraît qu'il a réellement des torts, et que depuis qu'il est-là-haut, tout va de travers ; enfin nos législateurs ont décrété sa déchéance.

Maurice haussa les épaules.

— Hausse les épaules tant que tu voudras, dit Lorin.

> De par la philosophie,
> Nous, grands suppôts de Momus,
> Ordonnons que la folie
> Ait son culte *in partibus*.

Si bien, continua Lorin, que nous allons un peu adorer la déesse Raison.

— Et tu te fourres dans toutes ces mascarades ? dit Maurice.

— Ah ! mon ami, si tu connaissais

la déesse Raison comme je la connais, tu serais un de ses plus chauds partisans. Ecoute, je veux te la faire connaître, je te présenterai à elle.

— Laisse-moi tranquille avec toutes tes folies; je suis triste, tu le sais bien.

— Raison de plus, morbleu ! elle t'égaiera ; c'est une bonne fille. Eh ! mais, tu la connais, l'austère déesse que les Parisiens vont couronner de lauriers et promener sur un char de papier doré ! C'est... devine...

— Comment veux-tu que je devine ?

— C'est Arthémise.

— Arthémise, dit Maurice en cherchant dans sa mémoire, sans que ce nom lui rappelât aucun souvenir.

— Oui, une grande brune, dont j'ai fait connaissance l'année dernière... au bal de l'Opéra : à telles enseignes que tu vins souper avec nous et que tu la grisas.

— Ah ! oui, c'est vrai, répondit Maurice, je me souviens maintenant; et c'est elle ?

— C'est elle qui a le plus de chances. Je l'ai présentée au concours : tous les Thermopyles m'ont promis leurs voix. Dans trois jours, l'élection générale. Aujourd'hui, repas préparatoire ; aujourd'hui nous répandons le vin de Champagne ; peut-être, après-demain, répandrons-nous le sang! Mais qu'on répande ce que l'on voudra, Arthémise sera déesse, ou que le diable m'emporte! Allons, viens, nous lui ferons mettre sa tunique.

— Merci. J'ai toujours eu de la répugnance pour ces sortes de choses.

— Pour habiller les déesses! Peste! mon cher, tu es difficile. Eh bien! voyons, si cela peut te distraire, je la lui mettrai, sa tunique, et toi, tu la lui ôteras.

— Lorin, je suis malade, et non-seulement je n'ai plus de gaieté, mais encore la gaieté des autres me fait mal.

— Ah! ça! tu m'effraies, Maurice : tu ne te bats plus, tu ne ris plus; est-ce que tu conspires, par hasard?

— Moi! plût à Dieu!

— Tu veux dire plût à la déesse Raison!

— Laisse moi, Lorin, je ne puis, je ne veux pas sortir; je suis au lit et j'y reste.

Lorin se gratta l'oreille.

— Bon ! lui dit-il, je vois ce que c'est.

— Et que vois-tu ?

— Je vois que tu attends la déesse Raison.

— Corbleu ! s'écria Maurice, les amis spirituels sont bien gênans ; va t'en ou je te charge d'imprécations, toi et ta déesse.

— Charge, charge…

Maurice levait la main pour maudire, lorsqu'il fut interrompu par son officieux qui entrait en ce moment tenant une lettre pour le citoyen son frère.

— Citoyen Agésilas, dit Lorin, tu entres dans un mauvais moment, ton maître allait être superbe.

Maurice laissa retomber sa main qu'il étendit nonchalamment vers la lettre; mais à peine l'eut-il touché qu'il tressaillit, et l'approchant avidement de ses yeux, dévora du regard l'écriture et le cachet, et, tout en blémissant comme s'il allait se trouver mal, rompit le cachet.

— Oh! oh! murmura Lorin, voici notre intérêt qui s'éveille, à ce qu'il paraît.

Maurice n'écoutait plus, il lisait avec toute son âme les quatre lignes de Geneviève. Après les avoir lues, il les relut deux, trois, quatre fois, puis il s'essuya le front et laissa retomber ses mains, regardant Lorin comme un homme hébété.

— Diable! dit Lorin, il paraît que voilà une lettre qui renferme de fières nouvelles.

Maurice relut la lettre pour la cinquième fois, et un vermillon nouveau colora son visage. Ses yeux desséchés s'humectèrent, et un profond soupir dilata sa poitrine; puis oubliant tout-à-coup sa maladie et la faiblesse qui en était la suite, il sauta hors de son lit.

— Mes habits! s'écria-t-il à l'officieux stupéfait, mes habits, mon cher Agésilas. Ah! mon pauvre Lorin, mon bon Lorin, je l'attendais tous les jours, mais en vérité je ne l'espérais pas. Çà, une culotte blanche, une chemise à jabot; qu'on me coiffe et qu'on me rase sur-le-champ.

L'officieux se hâta d'exécuter les ordres de Maurice, le coiffa et le rasa en un tour de main.

— Oh! la revoir, la revoir! s'écriait le jeune homme. Lorin, en vérité, je n'ai pas su jusqu'à présent ce que c'était que le bonheur.

— Mon pauvre Maurice, dit Lorin,

je crois que tu as besoin de la visite que je te conseillais.

— Oh! cher ami, s'écria Maurice, pardonne-moi; mais, en vérité, je n'ai plus ma raison.

— Alors je t'offre la mienne, dit Lorin en riant de cet affreux calembourg.

Ce qu'il y eut de plus étonnant, c'est que Maurice en rit aussi.

Le bonheur l'avait rendu facile en matière d'esprit.

Ce ne fut point tout.

— Tiens, dit-il en coupant un oranger couvert de fleurs, offre de ma part ce bouquet à la digne veuve de Mausole.

— A la bonne heure! s'écria Lorin, voilà de la belle galanterie! aussi, je te pardonne. Et puis, il me semble que bien décidément tu es amoureux, et j'ai toujours eu le plus profond respect pour les grandes infortunes.

— Eh bien! oui, je suis amoureux, s'écria Maurice, dont le cœur éclatait de joie; je suis amoureux, et maintenant je puis l'avouer, puisqu'elle m'aime; car, puisqu'elle me rappelle, c'est qu'elle m'aime, n'est-ce pas, Lorin?

— Sans doute, répondit complaisamment l'adorateur de la déesse Raison ; mais prends garde, Maurice, la façon dont tu prends la chose me fait peur...

> Souvent l'amour d'une Egérie,
> N'est rien moins qu'une trahison
> Du tyran nommé Cupidon :
> Près de la plus sage on s'oublie,
> Aime ainsi que moi la Raison,
> Tu ne feras pas de folie.

— Bravo ! bravo ! cria Maurice en battant des mains.

Et, prenant ses jambes à son cou, il descendit les escaliers quatre à quatre, gagna le quai et s'élança dans la direction si connue de la vieille rue Saint-Jacques.

— Je crois qu'il m'a applaudi, Agésilas? demanda Lorin.

— Oui, certainement, citoyen, et il n'y a rien d'étonnant, car c'était bien joli ce que vous avez dit là.

— Alors, il est plus malade que je ne croyais, dit Lorin.

Et, à son tour, il descendit l'escalier, mais d'un pas plus calme. Arthémise n'était pas Geneviève.

A peine Lorin fut-il dans la rue Saint-Honoré, lui et son oranger en fleurs, qu'une foule de jeunes citoyens, auxquels il avait pris, selon la disposition d'esprit où il se trouvait, l'habitude de distribuer des décimes ou des coups de pied au-dessous de la carmagnole, le suivirent respectueusement, le prenant sans doute pour un de ces hommes vertueux auxquels Saint-Just avait proposé que l'on offrît un habit blanc et un bouquet de fleurs d'oranger.

Comme le cortége allait sans cesse grossissant, tant, même à cette époque, un homme vertueux était chose rare à voir, il y avait bien plusieurs milliers de jeunes citoyens lorsque le bouquet fut offert à Arthémise ; hommage dont plusieurs autres Raisons, qui se mettaient sur les rangs, furent malades jusqu'à la migraine.

Ce fut ce soir-là même que se répandit dans Paris la fameuse cantate :

> Vive la déesse Raison !
> Flamme pure, douce lumière.

Et comme elle est parvenue jusqu'à nous sans nom d'auteur, ce qui a fort exercé la sagacité des archéologues révolutionnaires, nous aurions presque l'audace d'affirmer qu'elle fut faite pour la belle Arthémise par notre ami Hyacinthe Lorin.

VI

L'enfant prodigue.

Maurice n'eût pas été plus vite, quand il eût eu des ailes.

Les rues étaient pleines de monde, mais Maurice ne remarquait cette foule que parce qu'elle retardait sa course;

on disait dans tous les groupes que la Convention était assiégée, que la majesté du peuple était offensée dans ses représentans qu'on empêchait de sortir, et cela avait bien quelque probabilité, car on entendait tinter le tocsin, et tonner le canon d'alarme.

Mais, qu'importaient en ce moment à Maurice le canon d'alarme et le tocsin? Que lui faisait que les députés pussent ou ne pussent point sortir, puisque la défense ne s'étendait point jusqu'à lui ; il courait, voilà tout.

Tout en courant, il se figurait que Geneviève l'attendait à la petite fenêtre donnant sur le jardin, afin de lui envoyer, du plus loin qu'elle l'apercevrait, son plus charmant sourire.

Dixmer, aussi, était prévenu, sans doute, de cet heureux retour, et il allait tendre à Maurice sa bonne grosse main, si franche et si loyale en ses étreintes.

Il aimait Dixmer, ce jour-là il aimait jusqu'à Morand et ses cheveux noirs, et ses lunettes vertes, sous lesquelles il avait cru voir jusqu'alors briller un œil sournois.

Il aimait la création tout entière; car il était heureux; il eût volontiers jeté des fleurs sur la tête de tous les hommes afin que tous les hommes fussent heureux comme lui.

Toutefois, il se trompait dans ses espérances, le pauvre Maurice, il se trompait, comme il arrive dix-neuf fois sur vingt à l'homme qui compte avec son cœur et d'après son cœur.

Au lieu de ce doux sourire qu'attendait Maurice, et qui devait l'accueillir du plus loin qu'il serait aperçu, Geneviève s'était promis de ne montrer à Maurice qu'une politesse froide, faible rempart qu'elle opposait au torrent qui menaçait d'envahir son cœur.

Elle s'était retirée dans sa chambre

du premier et ne devait descendre au rez-de-chaussée que lorsqu'elle serait appelée.

Hélas ! elle aussi se trompait.

Il n'y avait que Dixmer qui ne se trompait point : il guettait Maurice à travers un grillage et souriait ironiquement.

Le citoyen Morand teignait flegmatiquement en noir des petites queues qu'on devait appliquer sur des peaux de chat blanc pour en faire de l'hermine.

Maurice poussa la petite porte de l'allée pour entrer familièrement par le jardin ; comme autrefois, la porte fit entendre sa sonnette de cette certaine façon qui indiquait que c'était Maurice qui ouvrait la porte.

Geneviève, qui se tenait debout devant sa fenêtre fermée, tressaillit.

Elle laissa tomber le rideau qu'elle avait entr'ouvert.

La première sensation qu'éprouva Maurice en rentrant chez son hôte, fut donc un désappointement ; non-seulement Geneviève ne l'attendait pas à sa fenêtre du rez-de-chaussée, mais, en entrant dans ce petit salon, où il avait pris congé d'elle, il ne la vit point et fut forcé de se faire annoncer, comme si, pendant ces trois semaines d'absence, il était devenu un étranger.

Son cœur se serra.

Ce fut Dixmer que Maurice vit le premier : Dixmer accourut et pressa Maurice dans ses bras, avec des cris de joie.

Alors Geneviève descendit ; elle s'était frappé les joues avec son couteau de nacre pour y rappeler le sang, mais elle n'avait pas descendu les vingt marches que ce carmin forcé avait disparu, refluant vers le cœur.

Maurice vit apparaître Geneviève dans la pénombre de la porte ; il s'avança vers elle en souriant, pour lui baiser la main, il s'aperçut alors seulement combien elle était changée.

Elle, de son côté, remarqua avec effroi la maigreur de Maurice ainsi que la lumière éclatante et fiévreuse de son regard.

— Vous voilà donc, monsieur, lui dit-elle d'une voix dont elle ne put maîtriser l'émotion.

Elle s'était promis de lui dire d'une voix indifférente :

— Bonjour, citoyen Maurice, pourquoi donc vous faites-vous si rare !

La variante parut encore froide

à Maurice, et, cependant, quelle nuance !

Dixmer coupa court aux examens prolongés et aux récriminations réciproques. Il fit servir le dîner ; car il était près de deux heures.

En passant dans la salle à manger, Maurice s'aperçut que son couvert était mis.

Alors le citoyen Morand arriva, vêtu du même habit marron et de la même veste. Il avait toujours ses lunettes vertes, ses grandes mèches noires et son jabot blanc. Maurice fut aussi affectueux qu'il put pour tout cet ensemble qui, lorsqu'il l'avait sous les yeux, lui inspirait infiniment moins de crainte que lorsqu'il était éloigné.

En effet, quelle probabilité que Geneviève aimât ce petit chimiste. Il fallait bien être amoureux et, par conséquent, bien fou pour se mettre de pareilles billevesées en tête.

D'ailleurs, le moment eût été mal choisi pour être jaloux. Maurice avait dans la poche de sa veste la lettre de Geneviève, et son cœur, bondissant de joie, battait dessus.

Geneviève avait repris sa sérénité. Il y a cela de particulier dans l'organisation des femmes, que le présent peut presque toujours effacer chez elles les traces du passé et les menaces de l'avenir.

Geneviève, se trouvant heureuse, redevint maîtresse d'elle-même, c'est-à-dire calme et froide, quoique affectueuse ; autre nuance que Maurice n'était pas assez fort pour comprendre. Lorin en eût trouvé l'explication dans Parny, dans Bertin ou dans Gentil-Bernard.

La conversation tomba sur la déesse Raison ; la chute des Girondins et le nouveau culte qui faisait tomber l'héritage du ciel en quenouille, étaient les deux événemens du jour. Dixmer prétendit qu'il n'eût pas été fâché de voir cet inappréciable honneur offert à Geneviève. Maurice voulut en rire. Mais Geneviève se rangea à l'opinion de son mari, et Maurice les regarda tous deux, étonné que le patriotisme pût, à ce point, égarer un esprit aussi raisonnable que l'était celui de Dixmer, et une nature aussi poétique que l'était celle de Geneviève.

Morand développa une théorie de la femme politique, en montant de Theroigne de Mérecourt, l'héroïne du 10 août, à madame Roland, cette ame de la Gironde. Puis, en passant, il lança quelques mots contre les tricoteuses. Ces mots firent sourire Maurice. C'était, pourtant, de cruelles railleries contre ces patriotes femelles, que l'on appela, plus tard, du nom hideux de lécheuses de guillotines.

— Ah! citoyen Morand, dit Dixmer, respectons le patriotisme, même lorsqu'il s'égare.

— Quant à moi, dit Maurice, en fait de patriotisme, je trouve que les femmes sont toujours assez patriotes quand elles ne sont point trop aristocrates.

— Vous avez bien raison, dit Morand; moi, j'avoue franchement que je trouve une femme aussi méprisable, quand elle affecte des allures d'homme, qu'un homme est lâche lorsqu'il insulte une femme, cette femme fût-elle sa plus cruelle ennemie.

Morand venait tout naturellement d'attirer Maurice sur un terrain délicat. Maurice avait à son tour répondu par un signe affirmatif; la lice était ouverte. Dixmer alors, comme un héraut qui sonne, ajouta :

— Un moment, un moment, citoyen Morand; vous en exceptez, j'espère, les femmes ennemies de la nation.

Un silence de quelques secondes suivit cette riposte à la réponse de Morand et au signe de Maurice.

Ce silence, ce fut Maurice qui le rompit.

— N'exceptons personne, dit-il tristement ; hélas ! les femmes qui ont été les ennemies de la nation en sont bien punies aujourd'hui, ce me semble.

— Vous voulez parler des prisonnières du Temple, de l'Autrichienne, de la sœur et de la fille de Capet, s'écria Dixmer avec une volubilité qui ôtait toute expression à ses paroles.

Morand pâlit en attendant la réponse du jeune municipal, et l'on eût dit, si l'on eût pu les voir, que ses ongles allaient tracer un sillon sur sa poitrine, tant ils s'y appliquaient profondément.

— Justement, dit Maurice, c'est d'elles que je parle.

— Quoi! dit Morand d'une voix étranglée, ce que l'on dit est-il vrai, citoyen Maurice?

— Et que dit-on? demanda le jeune homme.

— Que les prisonnières sont cruellement maltraitées, parfois, par ceux-là mêmes dont le devoir serait de les protéger.

— Il y a des hommes, dit Maurice, qui ne méritent pas le nom d'homme. Il y a des lâches qui n'ont point combattu et qui ont besoin de torturer les vaincus pour se persuader à eux-mêmes qu'ils sont vainqueurs.

— Oh! vous n'êtes point de ces hommes-là, vous, Maurice, et j'en suis bien certaine, s'écria Geneviève.

— Madame, répondit Maurice, moi, qui vous parle, j'ai monté la garde auprès de l'échafaud sur lequel a péri le feu roi. J'avais le sabre à la main et j'étais là pour tuer de ma main quiconque eût voulu le sauver. Cependant, lorsqu'il est arrivé près de moi, j'ai malgré moi ôté mon chapeau, et me retournant vers mes hommes :

— Citoyens, leur ai-je dit, je vous préviens que je passe mon sabre au travers du corps du premier qui insultera le ci-devant roi. Oh! je défie qui que ce soit de dire qu'un seul cri soit parti de ma compagnie. C'est encore moi qui avais écrit de ma main le premier des dix mille écriteaux qui furent affichés dans Paris lorsque le roi revint de Varennes :

« Quiconque saluera le roi sera battu, quiconque l'insultera sera pendu. »

Eh bien! continua Maurice, sans remarquer le terrible effet que ces paroles produisaient dans l'assemblée, eh bien! j'ai donc prouvé que je suis un bon et franc patriote, que je déteste les rois et leurs partisans. Eh bien! je le déclare, malgré mes opinions qui ne sont rien autre chose que des convictions profondes, malgré la certitude que j'ai que l'Autrichienne est pour sa bonne part dans les malheurs qui désolent la France, jamais, jamais un homme, quel qu'il soit, fût-ce Santerre lui-même, n'insultera l'ex-reine en ma présence.

— Citoyen, interrompit Dixmer, secouant la tête, en homme qui désapprouve une telle hardiesse, savez-vous qu'il faut que vous soyez bien sûr de nous pour dire de pareilles choses devant nous.

— Devant vous, comme devant tous, Dixmer; et j'ajouterai : elle périra peut-être sur l'échafaud de son mari, mais je ne suis pas de ceux à qui une femme fait peur, et je respecterai toujours tout ce qui est plus faible que moi.

— Et la reine, demanda timidement Geneviève, vous a-t-elle témoigné, parfois, M. Maurice, qu'elle fût sensible à cette délicatesse à laquelle elle est loin d'être accoutumée ?

— La prisonnière m'a remercié plusieurs fois de mes égards pour elle, madame.

— Alors elle doit voir revenir votre tour de garde avec plaisir ?

— Je le crois, répondit Maurice.

— Alors, dit Morand, tremblant

comme une femme, puisque vous avouez ce que personne n'avoue plus maintenant, c'est-à-dire un cœur généreux, vous ne persécutez pas non plus les enfans ?

— Moi, dit Maurice, demandez à l'infâme Simon ce que pèse le bras du municipal devant lequel il a eu l'audace de battre le petit Capét.

Cette réponse produisit un mouvement spontané à la table de Dixmer, tous les convives se levèrent respectueusement.

Maurice seul était resté assis et ne se doutait pas qu'il causait cet élan d'admiration.

— Eh bien ! qu'y a-t-il donc? demanda-t-il avec étonnement.

— J'avais cru qu'on avait appelé de l'atelier, répondit Dixmer.

— Non, non, dit Geneviève. Je l'avais cru d'abord aussi ; mais nous nous sommes trompés.

Et chacun reprit sa place.

— Ah ! c'est donc vous, citoyen Maurice, dit Morand d'une voix tremblante, qui êtes le municipal dont on a tant parlé, et qui a si noblement défendu un enfant ?

— On en a parlé ? dit Maurice avec une naïveté presque sublime.

— Oh! voilà un noble cœur, dit Morand en se levant de table, pour ne point éclater, et en se retirant dans l'atelier, comme si un travail pressé le réclamait.

— Oui, citoyen, répondit Dixmer, oui, on en a parlé ; et l'on doit dire que tous les gens de cœur et de courage vous ont loué sans vous connaître.

— Et laissons-le inconnu, dit Geneviève : la gloire que nous lui donnerions serait une gloire trop dangereuse.

Ainsi, dans cette conversation singulière, chacun, sans le savoir, avait placé son mot d'héroïsme, de dévoûment et de sensibilité.

Il y avait eu jusqu'au cri de l'amour.

VII

Les mineurs.

Au moment où l'on sortait de table, Dixmer fut prévenu que son notaire l'attendait dans son cabinet; il s'excusa près de Maurice, qu'il avait d'ailleurs l'habitude de quitter ainsi, et se rendit où l'attendait son tabellion.

Il s'agissait de l'achat d'une petite maison rue de la Corderie, en face le jardin du Temple. C'était plutôt, du reste, un emplacement qu'une maison qu'achetait Dixmer, car la bâtisse actuelle tombait presque en ruine, mais il avait l'intention de la faire relever.

Aussi le marché n'avait-il point traîné avec le propriétaire : le matin même le notaire l'avait vu et était tombé d'accord à dix-neuf mille cinq cents livres. Il venait de faire signer le contrat et toucher la somme en échange de cette bâtisse ; le propriétaire devait complètement débarrasser, dans la journée même, la maison où les ouvriers devaient être mis le lendemain.

Le contrat signé, Dixmer et Morand se rendirent avec le notaire rue de la Corderie, pour voir à l'instant même la nouvelle acquisition, car elle était achetée sauf visite.

C'était une maison située à peu près où est aujourd'hui le numéro 20, s'élevant à une hauteur de trois étages, et surmontée d'une mansarde. Le bas avait été loué autrefois à un marchand de vin, et possédait des caves magnifiques.

Le propriétaire vanta surtout les caves; c'était la partie remarquable de la maison; Dixmer et Morand parurent attacher un médiocre intérêt à ces caves, et cependant tous deux, comme par complaisance, descendirent dans ce que le propriétaire appelait ses souterrains.

Contre l'habitude des propriétaires, celui-là n'avait point menti; les caves étaient superbes, l'une d'elles s'étendait jusque sous la rue de la Corderie, et l'on entendait de cette cave rouler les voitures au-dessus de la tête.

Dixmer et Morand parurent médiocrement apprécier cet avantage, et parlèrent même de faire combler les caveaux, qui, excellens pour un marchand de vin, devenaient parfaitement inutiles à de bons bourgeois qui comptaient occuper toute la maison.

Après les caves on visita le premier, puis le second, puis le troisième : du troisième on plongeait complètement dans le jardin du Temple ; ils étaient comme d'habitude envahis par la garde nationale, qui en avait la jouissance depuis que la reine ne s'y promenait plus.

Dixmer et Morand reconnurent leur amie, la veuve Plumeau, faisant avec son activité ordinaire les honneurs de sa cantine : mais sans doute leur désir d'être à leur tour reconnus par elle n'était pas grand, car ils se tinrent cachés derrière le propriétaire, qui leur faisait remarquer les avantages de cette vue, aussi variée qu'agréable.

L'acquéreur demanda alors à voir les mansardes.

Le propriétaire ne s'était pas sans doute attendu à cette exigence, car il n'avait pas la clé; mais, attendri par la liasse d'assignats qu'on lui avait montrée, il descendit aussitôt la chercher.

— Je ne m'étais pas trompé, dit Morand, et cette maison fait à merveille notre affaire.

— Et la cave, qu'en dites-vous ?

— Que c'est un secours de la Providence qui nous épargnera deux jours de travail.

— Croyez-vous qu'elle soit dans la direction de la cantine ?

— Elle incline un peu à gauche, mais n'importe.

— Mais, demanda Dixmer, comment pourrez-vous suivre votre ligne souterraine avec certitude d'aboutir où vous voulez ?

— Soyez tranquille, cher ami, cela me regarde.

— Si nous donnions toujours d'ici le signal que nous veillons ?

— Mais de la plate-forme la reine ne pourrait point le voir, car les mansardes seules, je crois, sont à la hauteur de la plate-forme, et encore j'en doute.

— N'importe, dit Dixmer; ou Toulan ou Mauny peuvent le voir d'une ouverture quelconque, et ils préviendront Sa Majesté.

Et Dixmer fit des nœuds au bas d'un rideau de calicot blanc et fit passer le rideau par la fenêtre ouverte comme si le vent l'avait poussé.

Puis tous deux, comme impatiens de visiter les mansardes, allèrent attendre le propriétaire sur l'escalier, après avoir tiré la porte du troisième, afin qu'il ne prit l'idée au digne homme de faire rentrer son rideau flottant.

Les mansardes, comme l'avait prévu Morand, n'atteignaient pas encore la hauteur du sommet de la tour. C'était à la fois une difficulté et un avantage: une difficulté, parce qu'on ne pouvait point communiquer par signes avec la reine; un avantage, parce que cette impossibilité écartait toute suspicion. Les maisons hautes étaient naturellement les plus surveillées.

— Il faudrait, par Mauny, Toulan ou la fille Tison, trouver un moyen de lui faire dire de se tenir sur ses gardes, murmura Dixmer.

— Je songerai à cela, répondit Morand.

On descendit, le notaire attendait au salon avec le contrat tout signé.

— C'est bien, dit Dixmer, la maison me convient, comptez au citoyen les 19,500 livres convenues et faites-le signer.

Le propriétaire compta scrupuleusement la somme et signa.

— Tu sais, citoyen, dit Dixmer, que la clause principale est que la maison me sera remise ce soir même, afin que je puisse, dès demain, y mettre les ouvriers.

— Et je m'y conformerai, citoyen ; tu peux en emporter les clés ; ce soir à huit heures elle sera parfaitement libre.

— Ah! pardon, fit Dixmer, ne m'as-tu pas dit, citoyen notaire, qu'il y avait une sortie dans la rue Porte Foin ?

— Oui, citoyen, dit le propriétaire, mais je l'ai fait fermer, car, n'ayant qu'un officieux, le pauvre diable avait trop de fatigue, forcé qu'il était de veiller à deux portes. Au reste, la sortie est condamnée de manière à ce qu'on puisse la pratiquer de nouveau avec un travail de deux heures à peine. Voulez-vous vous en assurer, citoyens ?

— Merci, c'est inutile, reprit Dixmer, je n'attache aucune importance à cette sortie.

Et tous deux se retirèrent après avoir fait, pour la troisième fois, renouveler au propriétaire sa promesse de laisser l'appartement vide pour huit heures du soir.

A neuf heures tous deux revinrent, suivis à distance par cinq ou six hommes auxquels, au milieu de la confusion qui régnait dans Paris, nul ne fit attention.

Ils entrèrent d'abord tous deux; le propriétaire avait tenu parole, la maison était complètement vide.

On ferma les contrevens avec le plus grand soin ; on battit le briquet ; et l'on alluma des bougies que Morand avait apportées dans sa poche.

Les uns après les autres, les cinq ou six hommes entrèrent.

C'étaient les convives ordinaires du maître tanneur, les mêmes contrebandiers qui, un soir, avaient voulu tuer Maurice, et qui, depuis, étaient devenus ses amis.

On ferma les portes et l'on descendit à la cave.

Cette cave, tant méprisée dans la

journée, était devenue le soir la partie importante de la maison.

On entendait, comme l'avait fort bien dit le propriétaire, rouler les voitures au-dessus de la tête, ce qui prouvait qu'on était effectivement au-dessous de la rue.

On boucha d'abord toutes les ouvertures par lesquelles un regard curieux pouvait plonger dans l'intérieur.

Puis Morand dressa sur-le-champ un tonneau vide, et sur un papier se mit à tracer au crayon des lignes géométriques.

Pendant qu'il traçait ces lignes, ses

compagnons, conduits par Dixmer, sortaient de la maison, suivaient la rue de la Corderie, et, au coin de la rue de Beauce, s'arrêtaient devant une voiture couverte. Dans cette voiture était un homme qui distribua silencieusement à chacun un instrument de pionnier; à l'un une bêche, à l'autre une pioche; à celui-ci un levier, à celui-là un hoyau. Chacun cacha l'instrument qu'on lui avait remis, soit sous sa houppelande, soit sous son manteau. Les mineurs reprirent le chemin de la petite maison, et la voiture disparut.

Morand avait fini son travail.

Il alla droit à un angle de la cave.

— Là, dit-il, creusez.

Et les ouvriers de délivrance se mirent immédiatement à l'ouvrage.

La situation des prisonnières au Temple était devenue de plus en plus grave, e surtout de plus en plus douloureuse. Un instant la reine, madame Elisabeth et madame Royale avaient repris quelque espoir. Des municipaux, Toulan et Lepitre, touchés de compassion pour les augustes prisonnières, leur avaient témoigné leur intérêt. D'abord, peu habituées à ces marques de sympathie, les pauvres femmes s'étaient défiées. Mais on ne se défie pas quand on espère. D'ailleurs, que pouvait-il arriver à la reine, séparée de son fils par la prison, séparée de son mari par la mort; d'aller à l'échafaud comme lui. C'était un sort qu'elle avait envisagé depuis longtemps en face, et auquel elle avait fini par s'habituer.

La première fois que le tour de Toulan et de Lepitre revint, la reine leur demanda, s'il était vrai qu'ils s'intéressent à son sort, de lui raconter les détails de la mort du roi. C'était une triste épreuve à laquelle on soumettait leur sympathie. Lepitre avait assisté à l'exécution, il obéit à l'ordre de la reine.

La reine demanda les journaux qui rapportaient l'exécution. Lepitre promit de les apporter à la prochaine garde ; le tour de garde revenait de trois semaines en trois semaines.

Au temps du roi il y avait au Temple quatre municipaux. Le roi mort, il n'y en eut plus que trois ; un qui veillait le jour, deux qui veillaient la nuit. Toulan et Lepitre inventèrent alors une ruse pour être toujours de garde la nuit ensemble.

Les heures de garde se tiraient au sort ; on écrivait sur un bulletin *jour*, et sur deux autres *nuit*. Chacun tirait son bulletin dans un chapeau ; le hasard assortissait les gardiens de nuit.

Chaque fois que Lepitre et Toulan

étaient de garde, ils écrivaient *jour* sur les trois bulletins et présen taient le chapeau au municipal qu'ils voulaient évincer. Celui-ci plongeait la main dans l'urne improvisée et en tirait nécessairement un bulletin sur lequel était le mot *jour*. Toulan et Lepître détruisaient les deux autres, en murmurant contre le hasard qui leur donnait toujours la corvée la plus ennuyeuse, c'est-à-dire celle de nuit.

Quand la reine fut sûre de ses deux surveillans, elle les mit en relations avec le chevalier de Maison-Rouge. Alors une tentative d'évasion fut arrêtée. La reine et madame Elisabeth devaient fuir, déguisées en officiers municipaux, avec des cartes qui leur seraient procurées. Quant aux deux enfans, c'est-à-dire à Madame Royale et au jeune dauphin, on avait remarqué que l'homme qui allumait les quinquets au Temple, amenait toujours avec lui deux enfans du même âge que la princesse et le prince. Il fut arrêté que Turgy, dont nous avons parlé, revêtirait le costume de l'allumeur, et enlèverait madame Royale et le dauphin.

Disons, en deux mots, ce que c'était que Turgy.

Turgy était un ancien garçon-servant de la bouche du roi, amené au Temple avec une partie de la maison des Tuileries, car le roi eut d'abord un service de table assez bien organisé. Le premier mois, ce service coûta 30 ou 40 mille francs à la nation.

Mais, comme on le comprend bien, une pareille prodigalité ne pouvait durer. La Commune y mit ordre. On renvoya chefs, cuisiniers et marmitons. Un seul garçon-servant fut maintenu ; ce garçon-servant était Turgy.

Turgy était donc un intermédiaire tout naturel entre les prisonnières et leurs partisans, car Turgy pouvait sortir, et par conséquent porter des billets et rapporter les réponses.

En général, ces billets étaient roulés en bouchons sur les carafes de lait d'amande qu'on faisait passer à la reine et à madame Élisabeth. Ils étaient écrits avec du citron, et les lettres en demeuraient invisibles jusqu'à ce qu'on les approchât du feu.

Tout était prêt pour l'évasion, lorsqu'un jour Tison alluma sa pipe avec le bouchon d'une des carafes. A mesure que le papier brûlait, il vit apparaître des caractères. Il éteignit le papier à moitié brûlé, porta le fragment au conseil du Temple : là il fut approché du feu ; mais on ne put lire que quelques mots sans suite, l'autre moitié du papier étant réduite en cendres.

Seulement on reconnut l'écriture de la reine. Tison, interrogé, raconta quelques complaisances qu'il avait cru remarquer de la part de Lepitre et de Toulan pour les prisonnières. Les deux commissaires furent dénoncés à la municipalité et ne purent plus rentrer au Temple.

Restait Turgy.

Mais la défiance était éveillée au plus haut degré; jamais on ne le laissait seul auprès des princesses. Toute communication avec l'extérieur était donc devenue impossible.

Cependant, un jour madame Elisabeth avait présenté à Turgy, pour qu'il le nettoyât, un petit couteau à manche d'or dont elle se servait pour couper ses fruits. Turgy s'était douté de quelque chose, et tout en l'essuyant, il en avait tiré le manche. Le manche contenait un billet.

Ce billet, c'était tout un alphabet de signes.

Turgy rendit le couteau à madame Elisabeth; mais un municipal qui était là le lui arracha des mains et visita le couteau, dont à son tour il sépara la lame du manche; heureusement, le billet n'y était plus. Le municipal n'en confisqua pas moins le couteau.

C'était alors que l'infatigable chevalier de Maison-Rouge avait rêvé cette seconde tentative que l'on allait exécuter au moyen de la maison que venait d'acheter Dixmer.

Cependant, peu à peu, les prisonnières avaient perdu tout espoir. Ce jour-là la reine, épouvantée des cris de la rue qui venaient jusqu'à elle, et apprenant par ces cris qu'il était question de la mise en accusation des Girondins, les derniers soutiens du modérantisme, avait été d'une tristesse mortelle. Les Girondins morts, la famille royale n'avait plus à la Convention aucun défenseur.

A sept heures, on servit le souper. Les municipaux examinèrent chaque plat comme d'habitude, déplièrent l'une après l'autre toutes les serviettes, sondèrent le pain, l'un avec une fourchette, l'autre avec ses doigts, firent briser les macarons et les noix, le tout de peur qu'un billet ne parvînt aux prisonnières, puis, ces précautions prises, invitèrent la reine et les princesses à se mettre à table par ces simples paroles :

— Veuve Capet, tu peux manger.

La reine secoua la tête en signe qu'elle n'avait pas faim.

Mais en ce moment madame Royale vint comme si elle voulait embrasser sa mère et lui dit tout bas :

— Mettez-vous à table, madame, je crois que Turgy nous fait signe.

La reine tressaillit et releva la tête. Turgy était en face d'elle, la serviette posée sur son bras gauche et touchant son œil de la main droite.

Elle se leva aussitôt sans faire aucune difficulté et alla prendre à table sa place accoutumée.

Les deux municipaux assistaient au repas; il leur était défendu de laisser les princesses un instant seules avec Turgy.

Les pieds de la reine et de madame

Elisabeth s'étaient rencontrés sous la table et se pressaient.

Comme la reine était placée en face de Turgy, aucun des gestes du garçon-servant ne lui échappait. D'ailleurs tous ses gestes étaient si naturels, qu'ils ne pouvaient inspirer et n'inspirèrent aucune défiance aux municipaux.

Après le souper, on desservit avec les mêmes précautions qu'on avait prises pour servir : les moindres bribes de pain furent ramassées et examinées, après quoi Turgy sortit le premier, puis les municipaux, mais la femme Tison resta.

Cette femme était devenue féroce depuis qu'elle était séparée de sa fille dont elle ignorait complètement le sort. Toutes les fois que la reine embrassait madame Royale, elle entrait dans des accès de rage qui ressemblaient à de la folie; aussi la reine, dont le cœur maternel comprenait ces douleurs de mère, s'arrêtait-elle souvent au moment où elle allait se donner cette consolation, la seule qui lui restât, de presser sa fille contre son cœur.

Tison vint chercher sa femme; mais celle-ci déclara d'abord qu'elle ne se retirerait que lorsque la veuve Capet serait couchée.

Madame Elisabeth prit alors congé de la reine et passa dans sa chambre.

La reine se déshabilla et se coucha ainsi que madame Royale; alors la femme Tison prit la bougie et sortit.

Les municipaux étaient déjà couchés sur leurs lits de sangle dans le corridor.

La lune, cette pâle visiteuse des prisonnières, glissait par l'ouverture de l'auvent un rayon diagonal qui allait de la fenêtre au pied du lit de la reine.

Un instant tout resta calme et silencieux dans la chambre.

Puis une porte roula doucement sur ses gonds, une ombre passa dans le rayon de lumière et vint s'approcher au chevet du lit. C'était madame Elisabeth.

— Avez-vous vu? dit-elle à voix basse.

— Oui, répondit la reine.

— Et vous avez compris?

— Si bien que je n'y puis croire.

— Voyons, répétons les signes.

— D'abord il a touché à son œil pour nous indiquer qu'il y avait quelque chose de nouveau.

— Puis il a passé sa serviette de son bras gauche à son bras droit, ce qui veut dire qu'on s'occupe de notre délivrance.

— Puis il a porté la main à son front, en signe que l'aide qu'il nous annonce vient de l'intérieur et non de l'étranger.

— Puis quand vous lui avez demandé de ne point oublier demain votre lait demandé, il a fait deux nœuds à son mouchoir.

— Ainsi c'est encore le chevalier de Maison-Rouge. Noble cœur!

— C'est lui, dit madame Elisabeth.

— Dormez-vous, ma fille ? demanda la reine.

— Non, ma mère, répondit madame Royale.

— Alors priez pour qui vous savez.

Madame Elisabeth regagna sans bruit sa chambre, et pendant cinq minutes on entendit la voix de la jeune princesse qui parlait à Dieu dans le silence de la nuit.

C'était juste au moment où, sur l'indication de Morand, les premiers coups de pioche étaient donnés dans la petite maison de la rue de la Corderie.

VIII

Nuages.

A part l'enivrement des premiers regards, Maurice s'était trouvé au dessous de son attente dans la réception que lui avait faite Geneviève, et il comptait sur la solitude pour regagner le chemin qu'il avait perdu, ou du moins qu'il paraissait avoir perdu dans la route de ses affections.

Mais Geneviève avait son plan arrêté; elle comptait bien ne pas lui fournir l'occasion d'un tête-à-tête, d'autant plus qu'elle se rappelait par leur douceur même combien ces tête-à-tête étaient dangereux.

Maurice comptait sur le lendemain; une parente, sans doute prévenue à l'avance, était venue faire une visite, et Geneviève l'avait retenue. Cette fois-là il n'y avait rien à dire; car il pouvait n'y avoir pas de la faute de Geneviève.

En s'en allant, Maurice fut chargé

de reconduire la parente qui demeurait rue des Fossés-Saint-Victor.

Maurice s'éloigna en faisant la moue; mais Geneviève lui sourit, et Maurice prit ce sourire pour une promesse.

Hélas! Maurice se trompait. Le lendemain 2 juin, jour terrible qui vit la chute des Girondins, Maurice congédia son ami Lorin qui voulait absolument l'emmener à la Convention, et mit à part toutes choses pour aller voir son amie. La déesse de la liberté avait une terrible rivale dans Geneviève.

Maurice trouva Geneviève dans son

petit salon, Geneviève pleine de grâces et de prévenances; mais près d'elle était une jeune femme de chambre, à la cocarde tricolore, qui marquait des mouchoirs dans l'angle de la fenêtre, et qui ne quitta point sa place.

Maurice fronça le sourcil : Geneviève s'aperçut que l'Olympien était de mauvaise humeur; elle redoubla de prévenances; mais comme elle ne poussa point l'amabilité jusqu'à congédier la jeune officieuse, Maurice s'impatienta et partit une heure plutôt que d'habitude.

Tout cela pouvait être du hasard. Maurice prit patience. Ce soir-là d'ailleurs la situation était si terrible que, bien que Maurice depuis quelque tems vécût en dehors de la politique, le bruit arriva jusqu'à lui. Il ne fallait rien de moins que la chute d'un parti qui avait régné dix mois en France pour le distraire un instant de son amour.

Le lendemain, même manège de la part de Geneviève. Maurice avait, dans la prévoyance de ce système, arrêté son plan : dix minutes après son arrivée, Maurice voyant qu'après avoir marqué une douzaine de mouchoirs, la femme de chambre entamait six douzaines de serviettes, Maurice, disons-nous, tira sa montre, se leva, salua Geneviève et partit sans dire un seul mot.

Il y eut plus, en partant il ne se retourna point une seule fois.

Geneviève, qui s'était levée pour le suivre des yeux à travers le jardin, resta un instant sans pensée, pâle et nerveuse, et retomba sur sa chaise, toute consternée de l'effet de sa diplomatie.

En ce moment Dixmer entra.

— Maurice est parti? s'écria-t-il avec étonnement.

— Oui, balbutia Geneviève.

— Mais il arrivait seulement?

— Il y avait un quart-d'heure à peu près.

— Alors il reviendra?

— J'en doute.

— Laissez-nous, Muguet, fit Dixmer.

La femme de chambre avait pris ce nom de fleur en haine du nom de Marie, qu'elle avait le malheur de porter comme l'Autrichienne.

Sur l'invitation de son maître, elle se leva et sortit.

— Eh! bien, chère Geneviève, demanda Dixmer, la paix est-elle faite avec Maurice?

— Tout au contraire, mon ami, je crois que nous sommes à cette heure plus en froid que jamais.

— Et cette fois, qui a tort? demanda Dixmer.

— Maurice, sans aucun doute.

— Voyons, faites-moi juge.

— Comment ! dit Geneviève en rougissant, vous ne devinez pas?

— Pourquoi il s'est fâché? non.

— Il a pris Muguet en grippe, à ce qu'il paraît.

— Bah! vraiment? Alors il faut renvoyer cette fille. Je ne me priverai pas pour une femme de chambre d'un ami comme Maurice.

— Oh! dit Geneviève, je crois qu'il n'irait pas jusqu'à exiger qu'on l'exilât de la maison, et qu'il lui suffirait...

— Quoi ?

— Qu'on l'exilât de ma chambre.

— Et Maurice a raison, dit Dixmer. C'est à vous et non à Muguet que Maurice vient rendre visite; il est donc inutile que Muguet soit là à demeure quand il vient.

Geneviève regarda son mari avec étonnement.

— Mais mon ami, dit-elle...

— Geneviève, reprit Dixmer, je croyais avoir en vous un allié qui rendrait la tâche que je me suis imposée plus facile, et voilà au contraire que vos craintes redoublent nos difficultés. Il y a quatre jours que je croyais tout arrêté entre nous, et voilà que tout est à refaire. Geneviève, ne vous ai-je pas dit que je me fiais en vous, en votre honneur ; ne vous ai-je pas dit qu'il fallait enfin que Maurice redevînt notre ami plus intime et moins défiant que jamais. Oh ! mon Dieu, que les femmes sont un éternel obstacle à nos projets.

— Mais, mon Dieu ! n'avez-vous pas

quelque autre moyen? Pour nous tous, je l'ai déjà dit, mieux vaudrait que M. Maurice fût éloigné.

— Oui, pour nous tous, peut-être, mais pour celle qui est au-dessus de nous tous ; pour celle à qui nous avons juré de sacrifier notre fortune, notre vie, notre bonheur même. Il faut que ce jeune homme revienne. Savez-vous que l'on a des soupçons sur Turgy, et qu'on parle de donner un autre serviteur aux princesses.

— C'est bien, je renverrai Muguet.

— Eh! mon Dieu, Geneviève, dit Dixmer avec un de ces mouvemens d'impatience si rares chez lui, pourquoi me parler de cela? Pourquoi souffler le feu de ma pensée avec la vôtre? Pourquoi me créer des difficultés dans la difficulté même? Geneviève, faites en femme honnête, dévouée, ce que vous croirez devoir faire, voilà ce que je vous dis; demain je serai sorti; demain je remplace Morand dans ses travaux d'ingénieur. Je ne dînerai point avec vous, mais lui y dînera; il a quelque chose à demander à Maurice, il vous expliquera ce que c'est. Ce qu'il a à lui demander, songez-y, Geneviève, c'est la chose importante; c'est, non pas le but auquel nous marchons, mais le moyen; c'est le dernier espoir de cet homme si bon, si noble, si dévoué ; de ce protecteur de vous et de moi, pour qui nous devons donner notre vie.

— Et pour qui je donnerai la mienne, s'écria Geneviève avec enthousiasme.

— Eh bien! cet homme, Geneviève, je ne sais comment cela s'est fait, vous n'avez pas su le faire aimer à Maurice, de qui il était important surtout qu'il fût aimé. En sorte qu'aujourd'hui, dans la mauvaise disposition d'esprit où vous l'avez mis, Maurice refusera peut-être à Morand ce qu'il lui demandera, et ce qu'il faut à tout prix que nous obtenions. Voulez-vous maintenant que je vous dise, Geneviève, où mèneront Morand toutes vos délicatesses et toutes vos sentimentalités.

— Oh! monsieur, s'écria Geneviève en joignant les mains et en pâlissant, monsieur, ne parlons jamais de cela.

— Eh! bien, donc, reprit Dixmer en posant ses lèvres sur le front de sa femme, soyez donc forte et réfléchissez.

Et il sortit.

— Oh! mon Dieu, mon Dieu! murmura Geneviève avec angoisses, que de violences ils me font pour que j'accepte cet amour vers lequel vole toute mon ame..

Le lendemain, comme nous l'avons dit déjà, était un décadi.

Il y avait un usage fondé dans la famille Dixmer, comme dans toutes les familles bourgeoises de l'époque : c'était un dîner plus long et plus cérémonieux le dimanche que les autres jours. Depuis son intimité, Maurice, invité à ce dîner une fois pour toutes, n'y avait jamais manqué. Ce jour-là, quoiqu'on ne se mît d'habitude à table qu'à deux heures, Maurice arrivait à midi.

A la manière dont il était parti,

Geneviève désespéra presque de le voir.

En effet, midi sonna sans qu'on aperçût Maurice; puis midi et demi, puis une heure.

Il serait impossible d'exprimer ce qui se passait, pendant cette attente, dans le cœur de Geneviève.

Elle s'était d'abord habillée le plus simplement possible; puis, voyant qu'il tardait à venir, par ce sentiment de coquetterie naturel au cœur de la femme, elle avait mis une fleur à son côté, une fleur dans ses cheveux, et elle avait attendu encore en sentant son cœur se serrer de plus en plus. On en était arrivé ainsi presque au moment de se mettre à table et Maurice ne paraissait pas.

A deux heures moins dix minutes Geneviève entendit le pas du cheval de Maurice, ce pas qu'elle connaissait si bien.

— Oh! le voici, s'écria-t-elle; son orgueil n'a pu lutter contre son amour. Il m'aime! il m'aime!

Maurice sauta à bas de son cheval, qu'il remit aux mains du garçon jardinier, mais en lui ordonnant de l'attendre où il était. Geneviève le regardait descendre et vit avec inquiétude que le jardinier ne conduisait point le cheval à l'écurie.

Maurice entra, il était ce jour-là d'une beauté resplendissante. Le large habit noir carré à grands revers, le gilet blanc, la culotte de peau de chamois dessinant des jambes moulées sur celles de l'Apollon; le col de batiste blanche et ses beaux cheveux découvrant un front large et poli, en faisaient un type d'élégante et vigoureuse nature.

Il entra; comme nous l'avons dit, sa présence dilatait le cœur de Geneviève; elle l'accueillit radieuse.

—Ah! vous voilà, dit-elle en lui tendant la main; vous dînez avec nous, n'est-ce pas?

— Au contraire, citoyenne, dit Maurice d'un ton froid ; je venais vous demander la permission de m'absenter.

— Vous absenter.

— Oui, les affaires de la section me réclament. J'ai craint que vous ne m'attendissiez et que vous ne m'accusassiez d'impolitesse, voilà pourquoi je suis venu.

Geneviève sentit son cœur, un instant à l'aise, se comprimer de nouveau.

— Oh! mon Dieu! dit-elle, et Dixmer qui ne dîne pas ici, Dixmer qui comptait vous retrouver à son retour et m'avait recommandé de vous retenir ici.

— Ah ! alors je comprends votre insistance, madame. Il y avait un ordre de votre mari. Et moi qui ne devinait point cela. En vérité je ne me corrigerai jamais de mes fatuités.

— Maurice.

— Mais c'est a moi, madame, à m'arrêter à vos actions plutôt qu'à vos paroles. C'est à moi de comprendre que si Dixmer n'est point ici, raison de plus pour que je n'y reste pas. Son absence serait un surcroît de gêne pour vous.

— Pourquoi cela ? demanda timidement Geneviève.

— Parce que vous semblez prendre, depuis mon retour, à tâche de m'éviter ; parce que j'étais revenu pour vous, pour vous seule, vous le savez, mon Dieu ! et que depuis que je suis revenu, j'ai sans cesse trouvé d'autres que vous.

— Allons, dit Geneviève, vous voilà encore fâché, mon ami, et cependant je fais de mon mieux.

— Non pas, Geneviève, vous pouvez mieux faire encore, c'est de me recevoir comme auparavant ou de me chasser tout à fait.

— Voyons, Maurice, dit tendrement Geneviève, comprenez ma situation ; devinez mes angoisses et ne faites pas davantage le tyran avec moi.

Et la jeune femme s'approcha de lui et le regarda avec tristesse.

Maurice se tut.

— Mais que voulez-vous donc ? continua-t-elle.

— Je voulais vous aimer, Geneviève, puisque je sens que maintenant je ne puis vivre sans cet amour.

— Maurice, par pitié !

— Mais alors, madame, s'écria

Maurice, il fallait me laisser mourir.

— Mourir !

— Oui, mourir ou oublier.

— Vous pouviez donc oublier, vous, s'écria Geneviève, dont les larmes jaillirent du cœur aux yeux.

— Oh ! non, non, murmura Maurice en tombant à genoux, non, Geneviève, mourir peut-être, oublier, jamais, jamais !

— Et cependant, reprit Geneviève avec fermeté, ce serait le mieux, Maurice, car cet amour est criminel.

— Avez-vous dit cela à M. Morand,

dit Maurice, ramené à lui par cette froideur subite.

— M. Morand n'est point un fou comme vous, Maurice ; et je n'ai jamais eu besoin de lui indiquer la manière dont il se devait conduire dans la maison d'un ami.

— Gageons, répondit Maurice en souriant avec ironie; gageons que si Dixmer dîne dehors, Morand ne s'est pas absenté, lui. Ah! voilà ce qu'il faut m'opposer, Geneviève, pour m'empêcher de vous aimer ; car tant que ce Morand sera là, à vos côtés, ne vous quittant pas d'une seconde, continua-t-il avec mépris, oh! non, non, je ne vous aimerai, ou du moins je ne m'avouerai pas que je vous aime.

— Et moi, s'écria Geneviève poussée à bout par cette éternelle suspicion, en étreignant le bras du jeune homme avec une sorte de frénésie, moi, je vous jure, entendez-vous bien, Maurice, et que cela soit dit une fois pour toutes, que cela soit dit pour n'y plus revenir jamais, je vous jure que Morand ne m'a jamais adressé un seul mot d'amour, que jamais Morand ne m'a aimée, que jamais Morand ne m'aimera, je vous le jure sur mon honneur, je vous le jure sur l'âme de ma mère.

— Hélas! hélas! s'écria Maurice,

que je voudrais donc vous croire.

— Oh! croyez-moi, pauvre fou, dit-elle avec un sourire qui, pour tout autre qu'un jaloux, eût été un aveu charmant. Croyez-moi; d'ailleurs en voulez-vous savoir davantage, eh bien! Morand aime une femme devant laquelle s'effacent toutes les femmes de la terre, comme les fleurs des champs s'effacent devant les étoiles du ciel.

— Et quelle femme, demanda Maurice, peut donc effacer ainsi les autres femmes, quand au nombre de ces femmes se trouve Geneviève ?

— Celle qu'on aime, reprit en souriant Geneviève, n'est-elle pas toujours, dites-moi, le chef-d'œuvre de la création.

— Alors, dit Maurice, si vous ne m'aimez pas, Geneviève...

La jeune femme attendit avec anxiété la fin de la phrase.

— Si vous ne m'aimez pas, continua Maurice, pouvez-vous me jurer au moins de n'en jamais aimer d'autre.

— Oh! pour cela, Maurice, je vous le jure et de grand cœur, s'écria Geneviève, enchantée que Maurice lui offrît lui-même cette transaction avec sa conscience.

Maurice saisit les deux mains que Geneviève élevait au ciel et les couvrit de baisers ardens.

— Eh! bien, à présent, dit-il, je serai bon, facile, confiant, à présent je serai généreux. Je veux vous sourire, je veux être heureux.

— Et vous ne demanderez point davantage?

— Je tâcherai.

— Maintenant, dit Geneviève, je pense qu'il est inutile qu'on vous tienne ce cheval en main. La Section attendra.

— Oh! Geneviève, je voudrais que

le monde tout entier attendît et pouvoir le faire attendre pour vous.

On entendit des pas dans la cour.

— On vient nous annoncer que nous sommes servis, dit Geneviève. Ils se serrèrent la main furtivement.

C'était Morand qui venait annoncer qu'on n'attendait pour se mettre à table que Maurice et Geneviève.

Lui aussi s'était fait beau pour ce dîner du dimanche.

IX

La demande.

Morand, paré avec cette recherche, n'était point une petite curiosité pour Maurice.

Le muscadin le plus raffiné n'eût point trouvé un reproche à faire au nœud de sa cravate, aux plis de ses bottes, à la finesse de son linge.

Mais, il faut l'avouer, c'étaient toujours les mêmes cheveux et les mêmes lunettes.

Il sembla alors à Maurice, tant le serment de Geneviève l'avait rassuré, qu'il voyait pour la première fois ces cheveux et ces lunettes sous leur véritable jour.

— Du diable, se dit Maurice en allant à sa rencontre, du diable si jamais maintenant je suis jaloux de toi, excellent citoyen-Morand. Mets, si tu veux, à tous les jours ton habit gorge de pigeon des décadis, et fais-toi faire

pour les décadis un habit de drap d'or.
A compter d'aujourd'hui, je promets
de ne plus voir que tes cheveux et tes
lunettes, et surtout de ne plus t'accuser d'aimer Geneviève.

On comprend combien la poignée
de main donnée au citoyen Morand, à
la suite de ce soliloque, fut plus franche et plus cordiale que celle qu'il lui
donnait habituellement.

Contre l'habitude, le dîner se passait
en petit comité. Trois couverts seulement étaient mis à une table étroite.
Maurice comprit que sous cette table
il pourrait rencontrer le pied de Geneviève ; le pied continuerait la phrase

muette et amoureuse commencée par la main.

On s'assit. Maurice voyait Geneviève de biais; elle était entre le jour et lui; ses cheveux noirs avaient un reflet bleu comme l'aile du corbeau; son teint étincelait, son œil était humide d'amour.

Maurice chercha et rencontra le pied de Geneviève. Au premier contact dont il cherchait le reflet sur son visage, il la vit à la fois rougir et pâlir, mais le petit pied demeura paisiblement sous la table, endormi entre les deux siens.

Avec son habit gorge de pigeon,

Morand semblait avoir repris son esprit du décadi, cet esprit brillant que Maurice avait vu quelquefois jaillir des lèvres de cet homme étrange, et qu'eût si bien accompagné sans doute la flamme de ses yeux, si des lunettes vertes n'eussent point éteint cette flamme.

Il dit mille folies sans jamais rire : ce qui faisait la force de plaisanterie de Morand, ce qui donnait un charme étrange à ses saillies, c'était son imperturbable sérieux. Ce marchand qui avait tant voyagé pour le commerce de peaux de toute espèce, depuis les peaux de panthères jusqu'aux peaux de lapins, ce chimiste aux bras rouges connaissait l'Egypte comme Hérodote, l'Afrique comme Levaillant, et l'Opéra et les boudoirs comme un muscadin.

— Mais le diable m'emporte! citoyen Morand, dit Maurice, vous êtes non-seulement un sachant, mais un savant.

— Oh! j'ai beaucoup vu et surtout lu, dit Morand; puis ne faut-il pas que je me prépare un peu à la vie de plaisirs que je compte embrasser dès que j'aurai fait ma fortune. Il est temps, citoyen Maurice, il est temps!

— Bah! dit Maurice, vous parlez

comme un vieillard; quel âge avez-vous donc?

Morand se retourna en tressaillant à cette question toute naturelle qu'elle était.

— J'ai trente-huit ans, dit-il. Ah! voilà ce que c'est que d'être un savant comme vous dites, on n'a plus d'âge.

Geneviève se mit à rire, Maurice fit chorus; Morand se contenta de sourire.

— Alors vous avez beaucoup voyagé? demanda Maurice en resserrant entre les siens le pied de Geneviève, qui tendait imperceptiblement à se dégager.

— Une partie de ma jeunesse, répondit Morand, s'est écoulée à l'étranger.

— Beaucoup vu, pardon, c'est observé que je devrais dire, reprit Maurice, car un homme comme vous ne peut voir sans observer.

— Ma foi oui, beaucoup vu, reprit Morand ; je dirai presque que j'ai tout vu.

— Tout, citoyen, c'est beaucoup, reprit en riant Maurice ; eh ! si vous cherchiez...

— Ah! oui, vous avez raison. Il y a deux choses que je n'ai jamais vues. Il est vrai que de nos jours ces deux choses se font de plus en plus rares.

— Qu'est-ce donc? demanda Maurice.

— La première, répondit gravement Morand, c'est un Dieu.

— Ah! dit Maurice, à défaut de Dieu, citoyen Morand, je pourrais vous faire voir une déesse.

— Comment cela, interrompit Geneviève.

— Oui, une déesse de création toute

moderne ; la déesse Raison. J'ai un ami dont vous m'avez quelquefois entendu parler, mon cher et brave Lorin, un cœur d'or, qui n'a qu'un seul défaut, celui de faire des quatrains et des calembourgs.

— Eh bien!

— Eh bien! il vient d'avantager la ville de Paris d'une déesse Raison, parfaitement conditionnée, et à laquelle on n'a rien trouvé à reprendre. C'est la citoyenne Arthémise, ex-danseuse de l'Opéra, et à présent parfumeuse, rue Martin. Sitôt qu'elle sera définitivement reçue déesse, je pourrai vous la montrer.

Morand remercia gravement Maurice de la tête, et continua :

— L'autre, dit-il, c'est un roi.

— Oh! cela c'est plus difficile, dit Geneviève en s'efforçant de sourire; il n'y en a plus.

— Vous auriez dû voir le dernier, dit Maurice, c'eût été prudent.

— Il en résulte, dit Morand, que je ne me fais aucune idée d'un front couronné ; ce doit être fort triste ?

— Fort triste, en effet, dit Maurice; je vous en réponds, moi qui en vois un tous les mois à peu près.

— Un front couronné? demanda Geneviève.

— Ou, du moins, reprit Maurice, qui a porté le lourd et douloureux fardeau d'une couronne.

— Ah! oui, la reine, dit Morand; vous avez raison, monsieur Maurice, ce doit être un lugubre spectacle...

— Est-elle aussi belle et aussi fière qu'on le dit? demanda Geneviève.

— Ne l'avez-vous donc jamais vue, madame? demanda à son tour Maurice étonné.

— Moi? jamais... répliqua la jeune femme.

— En vérité, dit Maurice, c'est étrange !

— Et pourquoi étrange? dit Geneviève; nous avons habité la province jusqu'en 91; depuis 91, j'habite la vieille rue Saint-Jacques, qui ressemble beaucoup à la province, si ce n'est que l'on n'a jamais de soleil, moins d'air et moins de fleurs; vous connaissez ma vie, citoyen Maurice? Elle a toujours été la même; comment voulez-vous que j'aie vu la reine? jamais l'occasion ne s'en est présentée.

— Et je ne crois pas que vous profitiez de celle qui, malheureusement, se présentera peut-être? dit Maurice.

— Que voulez-vous dire? demanda Geneviève.

— Le citoyen Maurice, reprit Morand, fait allusion à une chose qui n'est plus un secret.

— A laquelle? demanda Geneviève.

— Mais à la condamnation probable de Marie-Antoinette et à sa mort sur le même échafaud où est mort son mari. Le citoyen dit, enfin, que vous ne profiterez point, pour la voir, du jour où elle sortira du Temple pour marcher à la place de la Révolution.

— Oh! certes non, s'écria Geneviève,

à ces paroles prononcées par Morand avec un sang froid glacial.

— Alors, faites-en votre deuil, continua l'impassible chimiste, car l'Autrichienne est bien gardée, et la République est une fée qui rend invisible qui bon lui semble.

— J'avoue, dit Geneviève, que j'eusse cependant été bien curieuse de voir cette pauvre femme.

— Voyons, dit Maurice, ardent à accueillir tous les souhaits de Geneviève, en avez-vous réellement bien envie? Alors, dites un mot; la République est une fée, je l'accorde au citoyen Morand; mais, moi, en qualité de municipal, je suis quelque peu enchanteur.

— Vous pourriez me faire voir la reine, vous, monsieur ? s'écria Geneviève.

— Certainement que je le puis.

— Et comment cela ? demanda Morand, en échangeant avec Geneviève un rapide regard, qui passa inaperçu du jeune homme.

— Rien de plus simple, dit Maurice. Il y a, certes, des municipaux dont on se défie, mais moi, j'ai donné assez de preuves de mon dévouement à la cause de la liberté pour n'être point de ceux-là. D'ailleurs, les entrées au Temple dépendent conjointement et des municipaux et des chefs de poste. Or, le chef de poste est justement, ce jour-là, mon ami Lorin, qui me paraît être appelé à remplacer indubitablement le général Santerre, attendu qu'en trois mois il est monté du grade de caporal à celui d'adjudant-major. Eh bien ! venez me trouver au Temple le jour où je serai de garde, c'est-à-dire jeudi prochain.

— Eh bien, dit Morand, j'espère que vous êtes servie à souhait. Voyez donc comme cela se trouve.

— Oh ! non, non, dit Geneviève, je ne veux pas.

— Et pourquoi cela? s'écria Maurice, qui ne voyait dans cette visite au Temple qu'un moyen de voir Geneviève un jour où il comptait être privé de ce bonheur.

— Parce que, dit Geneviève, ce serait peut-être vous exposer, cher Maurice, à quelque conflit désagréable, et que, s'il vous arrivait, à vous, notre ami, un souci quelconque causé par la satisfaction d'un caprice à moi, je ne me le pardonnerais de ma vie.

— Voilà qui est parlé sagement, Geneviève, dit Morand. Croyez-moi, les défiances sont grandes, les meilleurs patriotes sont suspectés aujourd'hui; renoncez à ce projet qui, pour vous, comme vous le dites, est un simple caprice de curiosité.

— On dirait que vous en parlez en jaloux, Morand, et que n'ayant vu ni reine ni roi, vous ne voulez pas que les autres en voient. Voyons, ne discutez plus; soyez de la partie.

— Moi ! ma foi, non.

— Ce n'est plus la citoyenne Dixmer qui désire venir au Temple, c'est moi qui la prie ainsi que vous de venir distraire un pauvre prisonnier. Car, une fois la grande porte refermée sur moi, je suis, pour vingt-quatre heures heureusement, aussi prisonnier que le serait un roi, un prince du sang.

Et pressant de ses deux pieds le pied de Geneviève :

— Venez donc, dit-il, je vous en supplie.

— Voyons, Morand, dit Geneviève, accompagnez-moi.

— C'est une journée perdue, dit Morand, et qui retardera d'autant celle où je me retirerai du commerce.

— Alors je n'irai point, dit Geneviève.

— Et pourquoi cela? demanda Morand.

— Eh! mon Dieu, c'est tout simple,

dit Geneviève ; parce que je ne puis pas compter sur mon mari pour m'accompagner, et que si vous ne m'accompagnez pas, vous, homme raisonnable, homme de trente-huit ans, je n'aurai pas la hardiesse d'aller affronter seule les postes de canonniers, de grenadiers et de chasseurs, en demandant à parler à un municipal qui n'est mon aîné que de trois ou quatre ans.

— Alors, dit Morand, puisque vous croyez ma présence indispensable, citoyenne...

— Allons, allons, citoyen savant, soyez galant comme si vous étiez tout bonnement un homme ordinaire dit Maurice, et sacrifiez la moitié de votre journée à la femme de votre ami.

— Soit! dit Morand.

— Maintenant, reprit Maurice, je ne vous demande qu'une chose, c'est de la discrétion. C'est une démarche suspecte qu'une visite au Temple, et un accident quelconque qui arriverait à la suite de cette visite, nous ferait guillotiner tous. Les Jacobins ne plaisantent pas, peste! Vous venez de voir comme ils ont traité les Girondins.

— Diable! dit Morand, c'est à considérer ce que dit là le citoyen Maurice : ce serait une manière de me retirer du commerce qui ne m'irait point du tout.

— N'avez-vous pas entendu, reprit Geneviève en souriant, que le citoyen Maurice a dit *tous*?

— Eh bien ! tous ?

— Tous ensemble.

— Oui, sans doute, dit Morand, la compagnie est agréable, mais j'aime mieux, belle sentimentale, vivre dans votre compagnie que d'y mourir.

— Ah ! çà, où diable avais-je donc l'esprit, se demanda Maurice, quand je croyais que cet homme était amoureux de Geneviève !

— Alors, c'est dit, reprit Geneviève; Morand, vous, c'est à vous que je parle, à vous le distrait, à vous le rêveur; c'est pour jeudi prochain : n'allez pas mercredi soir commencer quelque expérience chimique qui vous tienne pour vingt-quatre heures comme cela arrive quelquefois.

— Soyez tranquille, dit Morand ; d'ailleurs, d'ici là, vous me le rappellerez.

Geneviève se leva de table, Maurice imita son exemple; Morand allait en faire autant et les suivre peut-être, lorsque l'un des ouvriers apporta au chimiste une petite fiole de liqueur qui attira toute son attention.

— Dépêchons-nous, dit Maurice en entraînant Geneviève.

— Oh! soyez tranquille, dit celle-ci; il en a pour une bonne heure au moins.

Et la jeune femme lui abandonna sa main, qu'il serra tendrement dans les siennes. Elle avait remords de sa trahison, et elle lui payait ce remords en bonheur.

— Voyez-vous, lui dit-elle en traversant le jardin et en montrant à Maurice les œillets qu'on avait apportés à l'air dans une caisse d'acajou, pour les ressusciter s'il était possible ; voyez-vous, mes fleurs sont mortes.

— Qui les a tuées? votre négligence, dit Maurice ; pauvres œillets !

— Ce n'est point ma négligence, c'est votre abandon, mon ami.

— Cependant, elles demandaient bien peu de chose, Geneviève : un peu d'eau, voilà tout ; et mon départ a dû vous laisser bien du temps.

— Ah ! dit Geneviève, si les fleurs s'arrosaient avec des larmes, ces pauvres œillets, comme vous les appelez, ne seraient pas morts.

Maurice l'enveloppa de ses bras, la

rapprocha vivement de lui, et avant qu'elle eût eu le temps de se défendre, il appuya ses lèvres sur l'œil moitié souriant, moitié languissant, qui regardait la caisse ravagée.

Geneviève avait tant de choses à se reprocher, qu'elle fut indulgente.

Dixmer revint tard, et lorsqu'il revint il trouva Morand, Geneviève et Maurice qui causaient botanique dans le jardin.

FIN DU DEUXIÈME VOLUME.

TABLE

des chapitres du deuxième volume.

Chap. I. — Le billet. 1
II. — Amour. 33
III. — Le 31 mai. 131
IV. — Dévoûment. 153
V. — La déesse Raison. 181
VI. — L'enfant prodigue. 201
VII. — Le mineurs. 225
VIII. — Nuages 259
IX. — La demande. 289

FIN DE LA TABLE DU DEUXIÈME VOLUME.

Imprimerie de E. JACQUIN, à Fontainebleau.

www.ingramcontent.com/pod-product-compliance
Lightning Source LLC
Chambersburg PA
CBHW060417170426
43199CB00013B/2180